# 4万亿与百姓生活

4,000,000,000,000

YUBAIXINGSHENGHUO

邓守亮　桂宝刚　蒋　昇　霍小龙◎主编

经济管理出版社
ECONOMY & MANAGEMENT PUBLISHING HOUSE

**图书在版编目(CIP)数据**

4万亿与百姓生活/邓守亮等主编．—北京：经济管理出版社，2009.1

ISBN 978-7-5096-0494-6

Ⅰ.4… Ⅱ.邓… Ⅲ.财政政策—影响—社会生活—研究—中国 Ⅳ.F812.0 D669

中国版本图书馆CIP数据核字(2008)第213347号

出版发行：经济管理出版社

北京市海淀区北蜂窝8号中雅大厦11层

电话：(010)51915602 邮编：100038

印刷：世界知识印刷厂 经销：新华书店

组稿编辑：孙 宇 责任编辑：谭 伟 孙 宇

技术编辑：杨国强 责任校对：郭 佳

720mm×1000mm/16 12印张 156千字

2009年1月第1版 2009年1月第1次印刷

印数：1-5000册 定价：25.00元

书号：ISBN 978-7-5096-0494-6

# 《4万亿与百姓生活》编委会

# 序

2008年，奥运可能是中国最热门的词汇，但是对于整个世界而言，金融危机这个词绝对热过奥运。自2007年美国次贷危机开始，这场危机逐渐演变为一场全球性的金融危机。美联储前主席格林斯潘更是把这场危机形容成“百年一遇”。当金融危机愈演愈烈时，中国政府和老百姓正沉浸在奥运的喜庆气氛中，还没有完全意识到这场危机对我国经济的重大影响。短短两个月后，大家就感受到了大洋彼岸传来的深深寒意。对于中国来说，这一场危机既是挑战，也是机遇。2008年11月5日，国务院出台了“国十条”来刺激下滑的经济，之后各省（市、区）政府又相继出台了各个地方的刺激经济政策。

这场危机以及国家刺激经济的四万亿投资计划将会对中国社会建设、人民生活等各个方面产生重大而深远的影响。本书的作者中有我的学生，也有在读的研究生，他们出于对中国经济社会的关注而写作了此书，其中不乏许多有益的见解，因此乐于为其作序。

本书主要针对普通百姓，深入解读了中央和各地方政府出台的政策以及其对百姓生活各方面的影响，主要分为三篇：第一篇是国家篇，主要分析了中央政府提出的十大措施及其影响，并提出了对每项政策的独到见解。第二篇是区域篇，主要分七个区域对各省（市、区）的政策进行解读，并提出了各省（市、区）的经济刺激指数来进一步比较这些地区的刺激经济政策。第三篇是行业篇，主要分析了关系国计民生的八大行业，作者在分析这些行业时，都征询了这些行业专业人才的意见，因此具有十分有价值的信息。

本书通俗易懂、深入浅出、信息量大，适宜人群较广，相信通过阅读本书能够让您有豁然开朗的感觉，对政府的政策、自己的投资计划以及职业规划也会有更深入的理解。

**中国社会科学院经济研究所研究员、博士生导师、**
**中国社会科学院研究生院教授、王红领**
**清华大学中国与世界经济研究中心研究员**

2008 年 12 月

---

* 读者可以通过邮箱 hongtuzx@126.com 与本书作者联系。

# 前　言

2008年是一个多事之秋，刚从南方雪灾中缓过劲儿来，又遭遇了四川特大地震；刚刚成功举办第29届奥运会，又面临自1929年以来最大的世界经济大萧条。我们看到，在国际经济形势动荡中，我国的经济形势也发生着深刻、巨大的变化。

2007年2月，源于美国的次贷危机正式拉开了世界经济萧条的序幕。从美国新世纪金融公司破产，到贝尔斯登旗下对冲基金瓦解；从美国联邦住房金融管理局全面接管两房，到雷曼申请破产、美国银行收购美林；从通用、福特、克莱斯勒濒临破产，到美国7000亿美元救市计划的失效——经济危机正一步步地逼近：次贷危机引发了市场上的流动性危机即货币短缺；流动性危机又引发了银行业信用违约危机——银行惜贷；信用违约危机最后将演变成实体产业衰退，即全面的经济危机。

这次危机对美国的影响是巨大的：华尔街投行时代结束，美国居民消费支出骤减。同时，世界经济一片萧条，几乎没有哪个国家可以幸免：冰岛破产、英镑暴跌，巴股重挫，中国同样也不例外。自2008年第四季度以来，我国国内GDP增长率加速下滑；沿海一带加工制造企业大量倒闭，农民工陆续返乡；多数企业削减计划投资、缩小规模，就业需求减少，大学生就业困难重重。

正是在这样一个宏观经济背景下，国家出台了规模庞大的“四万亿”投资计划，列出了十项措施，即“国十条”。这套政府救市方案，其反应速度之快是前所未有的，出手力度之大也出乎很多人的预料。“出手要快、出拳要重、措施要准、工作要实”是这套方案的基调。综合一下“国十条”，我们不难看出，四万亿财政巨资的流向主要集中于三大块：其一是社会公共事业方面，如保障性住房、农业投入、城乡公用事业，以及医疗、卫生、教育、环保等民生领域；其二是基础设施建设方面，如铁路、公路、机场、农村基建等领域；其三是扶持企业发展方面，如自主创新、增值税转型减负、加大信贷支持力度等领域。

如果这四万亿计划能够顺利实施，我们预计在未来两三年内将会产生若干积极影响。我国 GDP 增长率会因此增加 2 ~ 3 个百分点，并增加若干就业机会；钢铁、水泥等需求将会大大增加，这些行业发展将会加快；随着很多民生工程的实施，如医疗、教育投入、提高城乡居民收入等，将会使居民得到更多的实惠。

当然，对于四万亿我们还是有很多疑问。这四万亿资金从哪里来，如何有效运用？四万亿对民营资本的挤出效应有多大，是否能达到预期效果？四万亿对启动我国消费、经济转型将会有何影响？

首先，资金来源问题。按照官方说法，四万亿投资中有 1.18 万亿由中央通过发行国债投入，其余部分则由地方政府、企业和社会投入。中央政府财力充沛，对于 1.18 万亿的投入应该能落到实处。而地方政府能否按照其制定的计划实施投资，我们却表示怀疑。例如，云南省计划五年内投资 3 万亿，但对于其是否具备这样的财力，我们表示怀疑（云南省 2007 年财政收入才近 500 亿，而其财政支出高达 1100 多亿，政府财政赤字近 600 亿）。目前，社会中有一种声音呼吁国家尽快出台相关政策允许地方政府发行债券，但地方政府一旦发行债券来筹资，在其财力本来就无法持续保障的情况下，其偿还能力将受到质疑，难道也要将呆账、坏账和破产的概念引入地方政府财政？同时，允许地方发行债券，我们将无法遏制其发行债券的内在冲动，这将对中国中央地方关系产生重大影响。

其次，资金运用的效率。我们知道，地方政府总是愿意搞大型工程。为何？工程越大，其中的操作空间越大，潜在的灰色收入就越多。政府主导投资，将可能产生寻租，寻租必然产生腐败，腐败将带来资金使用效率的低下，许多豆腐渣工程就是腐败的结果，也最终导致了资金的浪费。另外，很多原本不该上、污染大的项目，会不会趁势通过审批？很多原本政府未来规划中确定的项目，会不会提前上马？四万亿出台还仅仅是些粗略的纲要，中央、地方的一些可操作性的细则还未出台，缺少保证其实施的具体规定。尽管发改委出台相关措施确保资金使用效率，但最后的效果如何，有待观望。

再次，投资的挤出效应。在宏观经济学中，如果政府投资过多，将会使得私人投资减少，进一步使得总需求无法增加到预期效果。现在我们同样面临这样的问题。中国经济本来就是一冷一热，政府部门主导的经济非常红火，民营经济却是惨淡经营，加上金融危机、《新劳动法》等因素更是雪上加霜。这次四万亿投资计划会不会对民营经济产生明显的挤出效应？如果更多民营经济被挤出市场，其承载的劳动力流入市场，将带来更严峻的就业问题。当然政府是否会出台具体措施来解决引导、撬动民间资本、放大市场效应的问题，还不确定，四万亿对民营资本的影响到底有多大也未可知。

最后，消费何时启动。无论在学界还是在政府，都有一个共识：我国经济的发展应该靠拉动本国居民消费，即内需拉动型经济发展模式。但近十年来，我国经济发展主要依靠净出口和投资，目前世界经济整体衰退，外需疲软，我国政府以投资为手段，稳定经济，从短期来看用投资来刺激经济发展，提高市场主体的信心，是必要的也是可行的，但从长远观之，我国经济不可能一直依靠政府投资来拉动。积极提高居民收入，刺激人们的消费意愿，消除日益扩大的贫富差距，才是正道。当然在四万亿计划中也应有相关举措，但还远远不够。至于将来政策如何引导人们的消费，还有待进一步研究。

2008 年世界经济面临严峻挑战，美国过度消费 + 中国“两高”制造的全球经济模式已经崩溃。2008 年也蕴藏着发展的机遇，中国经济发展的新模式将在金融危机的阵痛中诞生。2008 年开启了一个新的时代，现有的博弈规则将重新改写，潜在的机遇将会涌现。我们将以浅薄的学识、通俗的语言和读者一起去探寻新时代的勃勃生机。

# 目　录

# 第一篇　国家篇

加快建设保障性安居工程

加快农村基础设施建设

加快铁路、公路和机场等重大基础设施建设

加快医疗卫生、文化教育事业发展

加强生态环境建设

加快自主创新和结构调整

加快地震灾区灾后重建各项工作

提高城乡居民收入

实施增值税转型改革

加大金融对经济增长的支持力度

# "当代中国的罗斯福新政"

1929 年 10 月 29 日，这天已被历史铭记为"黑色星期二"，正是这一天开启了美国乃至世界历史上最著名的金融危机。美国股市暴跌，数以千计的人跳楼自杀；加拿大长期投资骤减，国民收入大幅缩水；德国失业率狂飙，纳粹法西斯上台；澳大利亚出口需求下滑，民间骚乱兴起……起源于美国的金融危机席卷全球，股市危机、银行危机、实体经济危机相互推动，进入一个恶性循环。此后，资本主义世界进入了一个长达 10 年之久的经济大萧条。

正是在这样一个经济大萧条的背景下，罗斯福新政出台。新政可以分为前后两个阶段，第一阶段是经济干预。美国先后出台了《紧急银行法》、《农业调整法》和《全国工业复兴法》，其目的主要是加强政府对经济的干预，稳定金融、重振经济，实行所谓凯恩斯主义。第二阶段是社会变革。第一，联邦失业救济成为半永久性措施；第二，《全国劳工关系法案》通过，工会集体议价能力提高；第三，《社会保险法案》通过，全美建立了统一的社保体系；第四，通过《税收法案》，恢复了再分配税收体系。正是罗斯福新政的一系列举措，带领美国最终走出了经济萧条的阴影。

2008 年的中国所面临的情况与 1929 年的美国很相似：生产能力过剩，人们有效需求不足。近 10 年来，我国内需启而不动，扩而不大；我国经济发展模式仍然是"两高"加"出口导向"；我国社会两极分化严重，阶层断裂。

1929 年经济大萧条给我们的启示就是：只有通过社会变革、社会改造、社会进步才是走出经济危机的出路。经济社会重振方案固然重要，然而更重要的是如何突破既有利益格局的制约，使得科学发展观能够得到贯彻和执行，以此进一步形成一个公平、公正、和谐的社会。

庆幸的是，我们国家非常迅速地出台了规模庞大的“四万亿”投资计划，即“国十条”。“出手要快、出拳要重、措施要准、工作要实”正是这次政策的风格。社会公共事业、基础设施建设、扶持企业发展拉开了我国经济重振计划的序幕。也许可以形象地将这次经济重振计划称为“当代中国的罗斯福新政”，因为我们将看到社会变革的开始，还将看到公正、公平、和谐社会的确立。

据发改委数据显示，至2010年底整个社会大体需要4万亿投资，根据现行的投资体制和投资资金安排的方案，需要中央投资11800亿，其余由地方、企业和社会共同投入。从图1.1和图1.2中

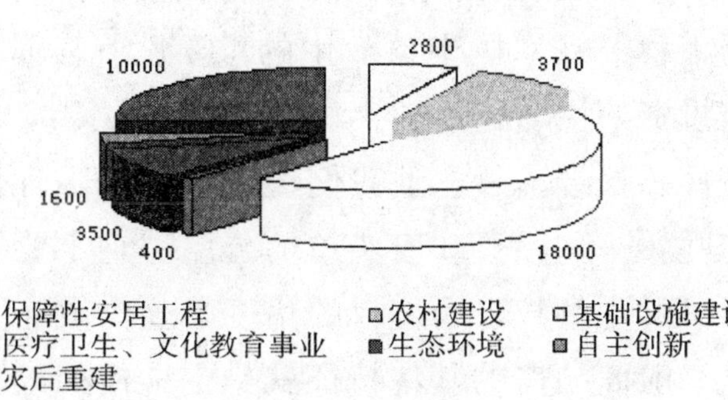


**图1.1　4万亿分布图**

数据来源：国家发改委网站

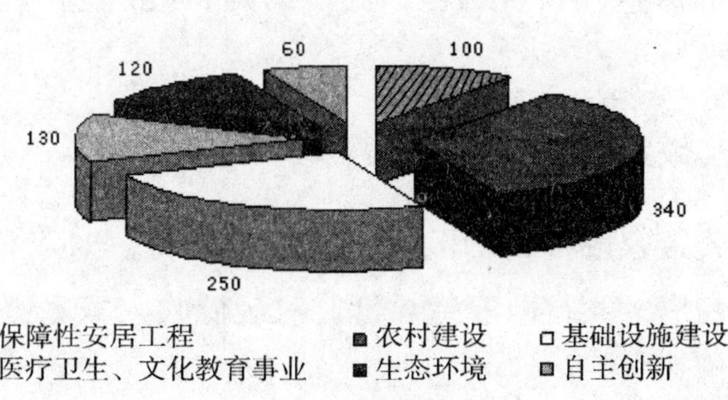


**图1.2　1000亿分布图**

数据来源：国家发改委网站

我们可以看出，无论是2008年新增的1000亿，还是4万亿，其资金大头都是民生。民生投资在这次经济重振计划中占了很大比重，是国家考虑的重点。

## 一、保障性安居工程——唯“安居”方能“乐业”

2008年11月10日，国务院在北京召开的省部级会议中明确指出：要加快建设保障性安居工程。在11月14日“扩大内需，十条应对措施”中，加快建设保障性安居工程更是名列首位。“加快建设保障性安居工程”在“国十条”中的重要性不言而喻，民生正式成为这次政府投资的主题。

在政府文件、报纸、杂志上我们经常听说保障性住房，但什么是保障性住房呢？一句话：政府买单的公屋。它主要针对无消费能力人群，从居民的生存权、居住权的角度必须由政府承担的国民住房。它区别于一般商品房的基本特征就是土地使用权对政府而言是划拨而非出让。在我国有多种住房保障形式：住房公积金，住房货币补贴，经济适用住房，廉租住房，“二限房”等。在这次“国十条”中所指的保障性安居工程，更多的是指经济适用房与廉租房的建设。

**我国住房政策的演变**

对中高收入家庭提供商品房，实行市场价；对中低收入家庭提供经济适用住房，实行政府指导价；对最低收入家庭提供廉租住房，实行政府定价。

**表 1.1　我国住房政策演变阶段**

<table>
<tr><th>各个阶段</th><th>子阶段</th><th>主要特点</th></tr>
<tr><td>计划化阶段<br>（1949～1978 年）</td><td></td><td>低工资<br>无偿划拨土地<br>单位出资建房<br>行政分配</td></tr>
<tr><td rowspan="3">商品化探索阶段<br>（1978～1998 年）</td><td>探索试点阶段<br>（1979～1985 年）</td><td>郑州、常州、四平和沙市试点<br>“三三制”补贴：个人付房款 1/3，单位 1/3，地方政府 1/3</td></tr>
<tr><td>全面推进阶段<br>（1986～1993 年）</td><td>提租补贴<br>租售结合<br>以租促售</td></tr>
<tr><td>房改制度创新阶段<br>（1994～1998 年）</td><td>1994 年 7 月，《关于深化城镇住宅制度改革的决定》——住宅商品化、社会化<br>1996 年，“把住宅建设培育成国民经济新的增长点”——房地产业开始“粉墨登场”</td></tr>
<tr><td>全面、快速市场化阶段<br>（1998 年至今）</td><td></td><td>停止实物住房分配，推行住房货币化<br>施行住房公积金、个人住房贷款、住房补贴<br>市场成为主导供给机制，房地产业“绑架”国民经济增长</td></tr>
</table>

**表 1.2　我国城镇住房供应体系中三类住房的特征比较**

| | 商品住房 | 经济适用房 | 廉租房 |
|---|---|---|---|
| 供给对象 | 无限制 | 城镇中低收入居民 | 城镇最低收入居民 |
| 供给方式 | 售、租皆可 | 以售为主、租售并举 | 只租不售 |
| 供给主体 | 房地产开发企业 | 政府、房地产开发企业、职工单位 | 政府、职工单位为主 |
| 优惠政策 | 无优惠 | 划拨土地，减免税费，政府提供优惠建房贷款 | 划拨土地，减免税费，政府提供建房补贴或直接发放住房补贴 |
| 价格机制 | 市场机制调节 | 实行政府指导价、保本、微利 | 实行政府定价、租金水平低于成本租金 |

续表

| | 商品住房 | 经济适用房 | 廉租房 |
|---|---|---|---|
| 产权性质 | 完全产权 | 不完全产权，流通受限制 | 一定期限的占有权和使用权，无收益权和处分权 |

## 我国现行住房政策施行中的主要问题

好的政策规划不一定能够得到好的实施，很多政策的执行结果远远背离了政策制定时候的初衷。我国住房政策也是如此。时至今日，我国住房政策在执行中存在着许多十分严重的问题，“住房难”已经被人们形象地称为新时代的“三座大山”之一。

表 1.3　我国现行住房政策中存在的问题

| 问题分类 | 具体问题 |
|---|---|
| 商品房 | 房价飞涨——房价与工资比已破世界纪录。大户型住房比比皆是，中小户型住房严重不足 |
| 经济适用房 | 开宝马，住经适房——约有 16% 的经济适用房卖给了中高收入人群，经适房沦为相关人员变相谋利的工具<br>经济房不“经济”——面积与价格既不“经济”也不“适用”<br>选址远离市中心——社会分层在住宅空间上的体现<br>政府积极性不高——不能卖土地，没有收入 |
| 廉租房 | 覆盖面小——大部分城市底层居民无法享受廉租待遇<br>政府没动力——资金匮乏、房源少，有关部门无利可图 |

## 9000 亿保障性投资计划

美国金融危机将我国经济发展的“净出口”这驾“马车”折断，“新三座大山”又牢牢锁死我国“内需”马车的启动。人们住房难、教育难、医疗难，中国经济发展已到了转型的关键时期。在保障性住房紧缺的情况下，我国的住房政策将会做如何调整？资源的调配将会向何处倾斜？我们看到，“加快建设保障性安居工程”赫然列于“国十条”的首位。“出手要快、出拳要重、措施要准、工作要实”，可见国家这次投资力度的决心！中央在第四季度追加的1000亿元投资中，已经确定分配给住房保障领域的投资资金是75亿元，该计划将在2009年“两会”召开前落实。这75亿元主要用于廉租房建设和城镇棚户区改造。比例看似不大，“但力度很大”，该份额几乎等于近十年来保障性住房的实物投资总和。

今后三年内国家将会继续加大投入，总投资将达到9000亿元，平均每年3000亿元。其中对廉租房投资2150亿元，新增加200万套廉租房；对经济适用房投资6000亿元，新增加400万套经济适用房；棚户区改造投资1015亿元，并完成100多万户林业、农垦和矿区的棚户区改造工程。

**点评**

一边是广大百姓普遍感觉房价过高，一边是房地产商喊着要政府救市，而且各地方政府在2008年下半年也的确出台了不少救市政策，但是收效甚微。加快保障性安居工程这一政策赫然居于“国十条”的首位，并且计划投资高达9000亿元。一方面，政府“保障”民众、“安居”民众的决心之大，力度之强，毋庸置疑；另一方面，无疑也表明了中央对待楼市的态度，即由“默许”地方政府出台救市政策，希望通过楼市的繁荣刺激经济增长转到通过“加快建设保障性安居工程”来促进房地产业的持续健康发展。

2008年11月10日，国务院在北京召开的省部级会议中明确指出：“要认真分析和研究房地产市场的形势，正确引导和调控房地产走势。要增加廉租房、经济适用房等保障性住房的投资收购和开发建设；落实和完善促进合理住房消费的政策措施；促进中小户型、中

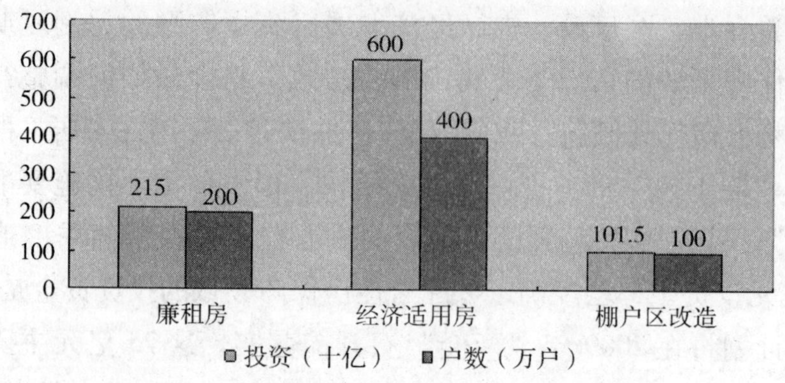


**图 1.3 保障性安居工程未来三年投资计划图**

数据来源：国家发改委网站

低价位普通商品房开发建设稳定发展；加快发展二手房市场和住房租赁市场，继续整顿房地产市场秩序，规范市场交易。”以解决低收入家庭住房困难为核心目标的住房保障投资建设，将驶入前所未有的快车道。可以说，“加快保障性安居工程的建设，既是保障民生的需求，也是拉动内需的有效手段”。

当然，我们也应该看到，这一项“保障民生”的政策不仅直接“惠民”和影响房地产行业，而且在其他方面也会造成极大的影响。首先，国家通过这些大规模住房保障投资，在未来三年内不仅可以解决全国1300万户的住房保障问题，而且还对刺激消费有着重大的促进作用，居民在获得住房保障后，会降低对未来的风险预期，从而加大家庭消费；其次，按照住房和城乡建设部的测算，未来三年每年住房保障投资3000亿元，对建材、钢铁、建筑、装修、家电等上下游产业投资的拉动作用，经估算约为6000亿元，这将是一笔巨大的固定资产投资；最后，大规模住房保障投资计划新创造出大量的就业岗位，这对缓解当前形势下的就业难问题将功不可没。

因此，我们可以说，这一项政策将会对中国经济产生长远并且是积极的影响。

## 二、农村基础建设——拉动内需的“加速器”

### “三农”问题——重中之重

自从改革开放以来，我国连续发了10个“一号文件”来解决“三农”问题，“三农”可以说是我国所有问题中的“重中之重”。我国是一个绝大多数人口在农村的农业大国，这是我国最基本的国情。这个基本国情使得“三农”问题不但与国家政策息息相关，而且与国家发展战略、与中华民族在21世纪的命运紧密相连。

2007年，中国城镇化率为44.9%，而世界平均水平为49%，发达国家为78%。中国农村的城镇化必将继续成为中国未来经济发展的亮点所在。当前中国大部分农村还比较落后，大部分基础设施还停留在20世纪70年代的水平，大量病险水库比比皆是。农村基础设施建设将启动新一轮的经济增长。

**表1.4 2008年的“三农”政策**

| 近期中央会议 | 中央政策 | 政策解读 |
| --- | --- | --- |
| 10月9～12日中共十七届三中全会 | 《中共中央关于推进农村改革发展若干重大问题的决定》 | 土地承包责任制以来的又一次重大改革，是农业摆脱弱势地位的一次历史性机遇 |
| 10月17日国务院常务会议 | 为确保农民增产增收，促进粮食和农业生产，国家将继续加大强农惠农政策力度，并大幅度增加农业投资 | |
| 11月14日国务院常务会议 | 确定的扩大内需促增长十项措施又一次强调了加快农村基础设施建设 | |

## 政策措施

自2001年以来，“六小工程”，即“节水灌溉、人畜饮水、乡村道路、农村户用沼气、农村水电、草场围栏”等这些可直接改善农民生活条件的工程，一直是中央财政在农村投资的重点。从资金分布情况来看，第四季度新增的1000亿元中，共有340亿元用于加快农村民生工程，比重是十大措施中最多的一条。而各相关部门也纷纷出台政策加快农村基础设施建设的步伐。

## 水利部——200亿投向农村基建

如果该投资计划能够得到顺利执行，据水利部有关人员估计：首先，1519万人农村人口饮水安全问题将会得到解决。其次，一批大中型水利骨干工程将集中建成，这将会进一步提高我国农业现代化的程度。最后，大江大河进一步治理对于我国环境治理、维护生态环境都有重要意义。

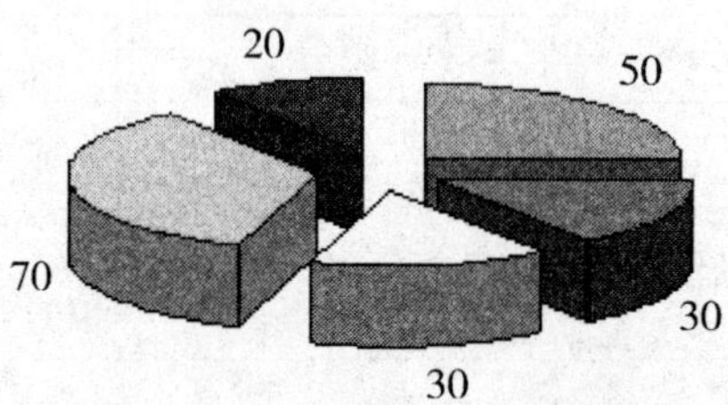


**图1.4 水利部投资方向**

数据来源：水利部网站

## 农业部——新增51.5亿元投资农业建设项目

**表1.5 农业部投资方向**

| 项目名称 | 投资额（亿元） | 项目描述 |
|---|---|---|
| 农村沼气 | 30 | 3万个沼气乡村服务网点，7500个养殖小区和联户沼气工程，涉及225户农户 |
| 优质粮食产业工程 | 8 | 重点支持9个粮食主产省（区）的270多个县的340万亩标准粮田建设 |
| 动物防疫体系建设 | 7 | |
| 农产品质检体系建设 | 5 | 建设18个部级专业质检中心，7个部级区域性质检中心项目，15个省级综合质检中心和117个县级质检中心 |
| 农垦区危房改造 | 1.5 | 支持部分直属直供垦区危房改造 |

数据来源：农业部网站

农业部有关负责人预计：这些项目的实施将使我国粮食综合生产能力进一步增强，农民群众的生产生活条件将进一步改善。其中，到2010年我国沼气服务体系的建成，将使其服务能力覆盖70%以上的沼气农户（截至2007年底，我国农村户用沼气已发展到2650万户）。这一系列措施，将对拉动当前农业和农村经济增长、推动农业产业结构调整、促进农民增收、保障整个国民经济平稳较快增长等发挥积极的作用。

## 国家能源局、国家林业局、交通运输部

表 1.6 国家能源局、国家林业局、交通运输部投资方向

| 部委名称 | 投资额（亿元） | 项目描述 |
|---|---|---|
| 国家能源局 | 27.3 | 国家电网、中西部农网建设改造<br>西部成网建设与改造两项合计 |
| 国家林业局 | 36.5 | 天然林资源保护工程<br>“三北”及沿海等重点防护林工程<br>国有林区棚户区改造 |
| 交通运输部 | 50 | 东部、中部地区通村油路<br>西部地区通乡油路<br>在区域上向西部地区倾斜 |

数据来源：相关部委网站

据有关专家预计，交通运输部50亿新增资金的注入，将使农村公路条件大大改善，从而使农村运输难题得到极大缓解，城乡商品流通大大加快，这也将成为当前扩大国内需求、拉动经济增长的重要动力。

## 农业银行和农业发展银行

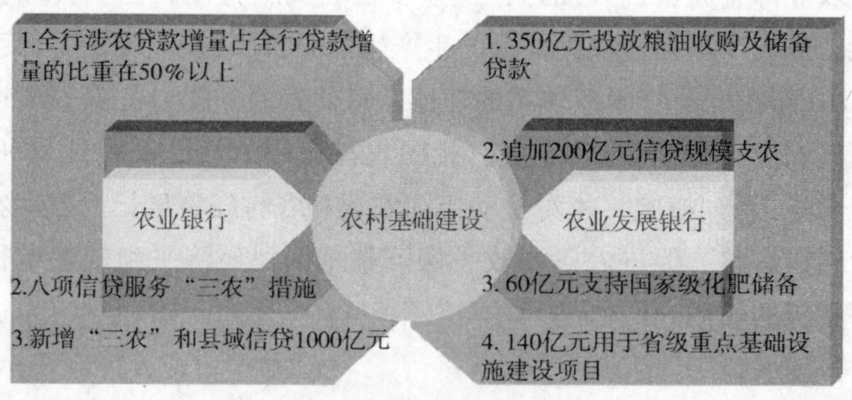


图 1.5 农行、农发行支农措施

如果以上措施能够得到顺利实施，据有关专家预计，一方面，农行、农发行作为农村金融体系的骨干和支柱，将进一步在农业产业化、农村基础设施等规模化融资领域发挥骨干和主导作用，提升农村金融服务水平。另一方面，农行、农发行还将在切实解决农户、中小企业等“贷款难”问题上取得突破性进展。可以预计，两行服务“三农”的覆盖面将会进一步扩大。

**点评**

农业问题在任何年代、任何国家都是被作为重点问题来解决的，“三农”问题在中国从来都是重中之重。服务业衰退了，我们可以少享受一点；工业减产了，我们可以少消费一些；但是如果农业不再生产了，我们所有的人都得饿肚子（这里不是说第二产业、第三产业不重要，而只是突出农业的基础性作用）。加强农村基础设施建设，涉及节水灌溉、人畜饮水、乡村道路、农村户用沼气、农村水电、草场围栏等农村生产、生活的各个方面。农业部、能源局、交通运输部、农业银行、农业发展银行均出台措施加快农村基础设施建设，这在中国是前所未有的大手笔。中国农业面貌必将焕然一新，广大农民也必将从中得到大的实惠。但是，我们也应该看到，加快农村基础设施建设，比如乡村道路等方面，虽然在短期内会带动投资、创造就业岗位，但是它的影响更重要的是在长期，而且这项措施拉动内需的作用也不会像其他措施那样迅速和明显。

可以说，加快农村基础设施建设，功在当代，利在千秋。

## 三、基础设施建设——铺架经济发展的“高速公路”

### 铁路

从图 1.6、图 1.7 可以看出，当前我国铁路在基础设施方面面临着巨大的问题：一是营业线路总延展里程增加缓慢；二是在经过 2005 年和 2006 年的建设热潮之后，铁路基础设施建设投资急剧下滑。在 2003 年和 2004 年，全国铁路基本建设投资增加额增长率一度为负值，铁路建设投资不足已经成为我国铁路业发展面临的一个巨大问题。

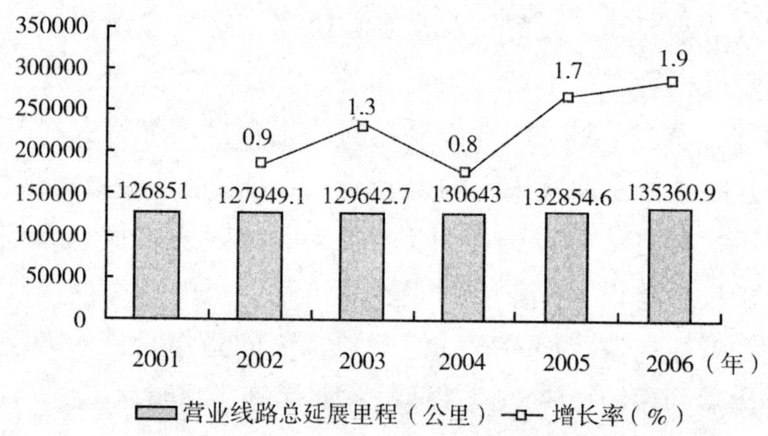


**图 1.6　国家铁路营业线路总延展里程**

数据来源：铁道部

面对我国现在铁路运营压力巨大、铁路建设长期投入不足的现状，国家果断采取措施，大力发展铁路建设，拉动内需。2008 年底前，34 个准备充分的铁路建设项目被批复，规模达 3800 亿元。2009 年计划完成铁路投资将达到 6000 亿元，拟安排新开工项目约 70 个。

在未来 4 年中，计划将投资 5000 亿元用于机车车辆购置。就国务院批准的，预期未来几年中我国铁路投资总额将达 2 万亿元。

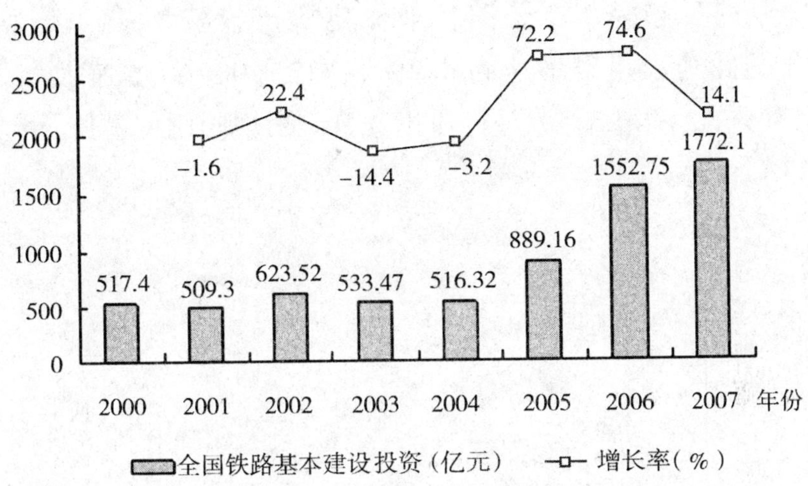


**图 1.7　全国铁路基本建设投资额**

数据来源：铁道部

表面来看，政府加快铁路建设的投资仅仅是在中国地图上多加了几条黄色的铁路线，但是它所产生的影响却绝不仅是几条黄线和几个交叉点。

（1）对铁路运输而言，整个运营环境将得到改善。由于客货分运比重的提高，现有铁路线路的运营能力将得到提高，一票难求的局面将会改观。

（2）铁路投资规模的加速将缓解铁路运输紧张局面，从而提升行业潜在需求，未来几年行业投资增速有望保持在 20% ~30%，并有可能进一步加速铁路投融资体制改革。

（3）按照 2009 年铁路完成工程投资 6000 亿元的安排，专家预测可以创造 600 万个就业岗位，并对 GDP 产生较大的拉动作用。

## 公路

作为上一轮政府基础设施投资的重点，目前随着全国高速公路路网建设的日趋完善，公路行业固定资产投资增速已大为放缓，2007 年公路建设投资增速为 4.2%，同比 2006 年增速大幅下降了 9.4 个百分点，2008 年 7 月行业投资首次出现同比负增长。

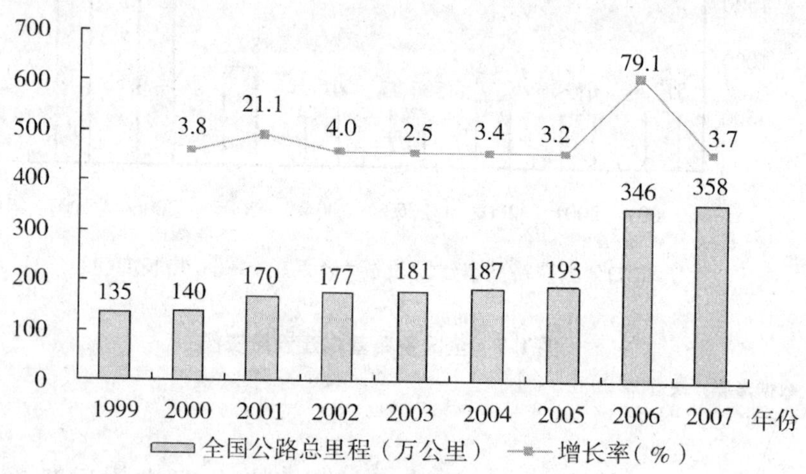


**图 1.8　全国公路总里程**

注：2006 年起，将村道纳入公路统计里程。

数据来源：交通部

在公路建设方面，2009、2010 两年全国交通（不包括铁路）固定资产投资规模年均将达到 1 万亿元的水平。显然，和以往的投资力度相比，公路建设投资不是本次政府基础设施建设的重点，未来几年行业投资规模增速将基本保持稳定。与机场建设和铁路建设不同的是，全国公路路网建设高峰期已过，目前政府预算内资金规模并不大；而且由于新建公路项目的盈利能力已经逐步下降，公路行业对外部资金的吸引力也大为下降。因此，本轮政府加大对公路建设的投资可能会对稳定公路行业的下滑趋势产生一定的效果。

### 机场

我国机场建设近年来发展很快，但在布局上存在若干问题：地域服务范围不广，“东密西疏”；区域内各机场间缺乏合理定位和明确分工；部分机场的建设和发展与其所在城市规划难以融合。为此，我国出台了《中国民航2020年远景规划》。我国机场将划分为五大机场群，截至2006年底，我国已有机场147个，“十一五”期间将增加45个，截至2020年，我国机场数将达到244个。

表1.7 全国民用机场布局规划表

| | 北方机场群 | 华东机场群 | 中南机场群 | 西南机场群 | 西北机场群 |
|---|---|---|---|---|---|
| 全国民用机场布局规划表 | 北京、天津、河北、山西、内蒙古、辽宁、吉林、黑龙江 | 上海、江苏、浙江、山东、安徽、江西、福建 | 广东、广西、海南、河南、湖北、湖南 | 重庆、四川、云南、贵州、西藏 | 陕西、甘肃、青海、宁夏、新疆 |
| 既有机场（147个） | 北京首都、南苑、天津、石家庄、秦皇岛、太原、运城、大同、长治、呼和浩特、包头、海拉尔、满洲里、锡林郭勒、赤峰、通辽、乌兰浩特、乌海、沈阳、大连、丹东、锦州、朝阳、长春、延吉、哈尔滨、牡丹江、齐齐哈尔、佳木斯、黑河 | 上海浦东、上海虹桥、南京、无锡、常州、徐州、连云港、南通、盐城、杭州、宁波、温州、舟山、黄岩、义乌、衢州、济南、青岛、烟台、威海、临沂、潍坊、东营、合肥、黄山、安庆、阜阳、南昌、赣州、井冈山、九江、景德镇、福州、厦门、晋江、武夷山、连城 | 广州、深圳、珠海、梅州、汕头、湛江、南宁、桂林、北海、柳州、梧州、海口、三亚、郑州、洛阳、南阳、武汉、宜昌、恩施、襄樊、长沙、张家界、常德、永州、怀化 | 重庆、万州、成都、九寨沟、攀枝花、西昌、宜宾、绵阳、南充、泸州、广元、达州、昆明、西双版纳、丽江、大理、芒市、迪庆、保山、临沧、思茅、昭通、文山、贵阳、铜仁、兴义、安顺、黎平、拉萨、昌都、林芝 | 西安、延安、榆林、汉中、安康、兰州、敦煌、嘉峪关、庆阳、西宁、格尔木、银川、乌鲁木齐、喀什、伊宁、库尔勒、阿勒泰、和田、阿克苏、库车、塔城、且末、那拉提、克拉玛依 |

续表

| | 既有30个 | 既有37个 | 既有25个 | 既有31个 | 既有24个 |
|---|---|---|---|---|---|
| 新增机场（97个） | 北京第二机场、良乡、邯郸、衡水、承德、张家口、吕梁、五台山、鄂尔多斯、阿尔山、二连浩特、巴彦卓尔、达来呼布、霍林河、长海、加个达齐、长白山、通化、白城、漠河、大庆、鸡西、伊春、抚远 | 淮安、苏中、丽水、济宁、九华山、蚌埠、芜湖、宜春、赣东、三明、宁德、平潭 | 韶关、百色、河池、玉林、东方、五指山、琼海、信阳、商丘、神农架、衡阳、岳阳、武冈、邵东 | 黔江、巫山、乐山、康定、亚丁、马尔康、腾冲、红河、怒江、会泽、勐腊、泸沽湖、荔波、毕节、六盘水、遵义、黄平、黔北、阿里、日喀则、那曲 | 壶口、宝鸡、商洛、天水、夏河、金昌、陇南、张掖、武威、航天城、玉树、花土沟、德林哈、果洛、青海湖、固原、中卫、喀纳斯、吐鲁番、哈密、博乐、奎屯、楼兰、富丽、塔中、石河子 |
| | 新增24个 | 新增12个 | 新增14个 | 新增21个 | 新增26个 |

资料来源：中国民用航空总局

2008年，中央将增加300亿元的投资来新建、改扩建机场，重点用于支持昆明、重庆、南宁、广西河池、云南腾冲等地。2009年计划新开工成都、西安、广州等枢纽和干线机场工程，以及延安、吕梁、淮安等40多个支线机场工程，建设项目投资规模为2000亿元。2010年，民航计划新开工上海浦东、成都、武汉、南京等枢纽和干线机场等20多个支线，建设项目投资规模将达2500亿元。预计未来两年新建项目投资金额将超过4000亿元。由于我国现有机场数量的不足和相互之间的缺乏合作，政府加大对机场建设的投资对航空业无疑是一个机遇。但是由于航空市场的培育是一个长期的过程，因此短期对国内航空市场需求影响有限，但中长期航空运营类公司将从中受益。

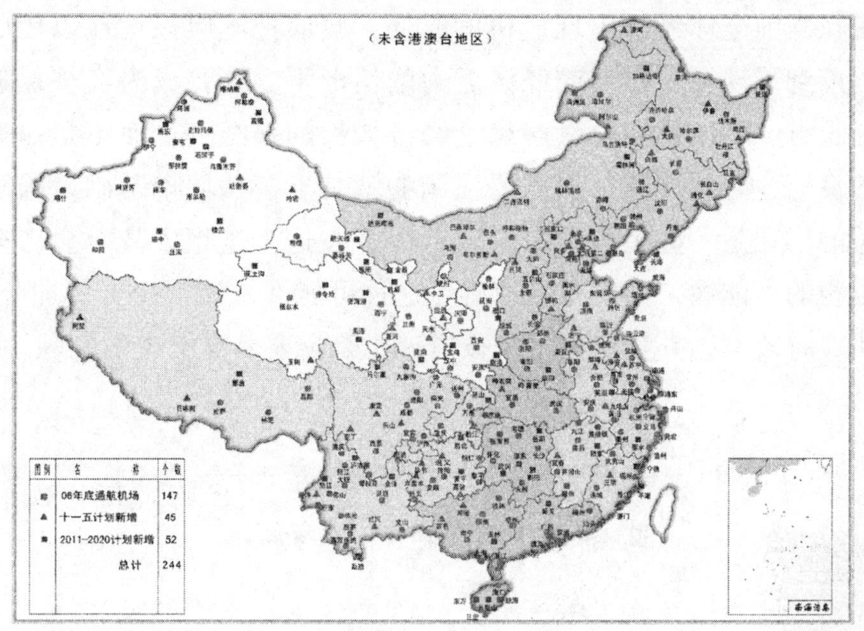


**图 1.9　全国民用机场布局规划分布图（2020 年）**

资料来源：中国民航总局

## 点评

可以看出，在扩大内需的十条措施中，本条占据了相当重要的地位，铁路、公路、机场等基础设施建设（主要是城市基础设施建设）的总投资在国家规划的 4 万亿元投资中也占了相当大的比重。应该知道，加大城市基础设施建设在短期能够给城市经济增长带来极大的推进作用：首先，能创造较多的就业岗位；其次，还能带动一大批附加投资；再次，铁路、公路、机场等基础设施建设投资的加大对水泥、钢铁等材料需求将持续加大，从而帮助相关行业走出当前的困境。当然，城市基础设施建设的完善也是惠及广大民众的事业，比如缓解交通压力，解决市民出行难的问题等。

但是，我们还应该看到的是这毕竟是政府在非常时期的非常政策，因为修铁路、公路，建机场等投资本来就是迟早要做的事情，只是在当前全球经济出现危机的时候，政府把本应该放在以后的投资提前到了现在。在当前经济乏力的情形下，这将成为经济提速新的增长点。所以我们说，这只是经济增长的强心剂，而不是一剂治本的良药。另外还有一点需要强调的就是直接从城市基础设施建设获益的毕竟是一些大的国有企业，而且在这个过程中甚至会出现经济寻租的可能性，如何有效地避免这种可能性，使得投资更加公平、透明、有效率，并且避免重复投资，也是需要着重解决的问题。

## 四、医疗卫生、文化教育——推倒阻碍居民消费的“大山”

### 医疗

我国医疗保障发展水平与人民群众的医疗保障需求之间还存在着较大差距，主要存在城乡和区域之间卫生资源分布不均衡、保障水平较低和管理基础较薄弱等问题。目前，强调医疗服务的公共性和公益性的新医疗改革方案已经制定，2008 年将稳步实施医药卫生体制改革，我国将研究、制定“健康中国 2020”战略，努力促进公共服务均等化，确保到 2020 年实现人人享有基本医疗卫生服务的目标。

全民医保将是医疗改革的远期目标，实际上，我国政府也一直在朝着这个方向努力，为广大农村和城市居民提供医疗保障，农村的新型农村合作医疗和城市的职工和居民医疗保险就是其中已经实施并产生良好效果的制度。

### 新型农村合作医疗

农村卫生工作是我国卫生工作的重点，关系到保护农村生产力、振兴农村经济、维护农村社会发展和稳定的大局，对提高全民族素质具有重大意义。鉴于以前的合作医疗解体后农村医疗卫生发展滞后和农民就医保障的缺失等情况，国家从试点到全面铺开，在全国范围内实施了新型农村合作医疗制度。2002 年 10 月，《中共中央、国务院关于进一步加强农村卫生工作的决定》明确指出要逐步建立以大病统筹为主的新型农村合作医疗制度。从 2007 年开始，全国新型农村合作医疗由试点阶段进入全面推进阶段，覆盖全国 80% 以上的县（市、区）。2008 年已有 20 个省份实现了新型农村合作医疗制度全覆盖，覆盖约 8.15 亿人口。

新型农村合作医疗由国家、省、市、县、个人共同筹资，农民每年只需交纳很少一部分钱。实施新型农村合作医疗制度，主要目的是建立覆盖城乡的基本卫生保健制度，发挥公共医疗的公益性，让老百姓看得起病。经过几年的试点，新型农村合作医疗已经取得了较为理想的成效，切实减少了农村居民的看病就医费用。按照“十一五”规划的要求，新型农村合作医疗到 2010 年将基本覆盖全国农村居民，届时农村居民将更能享受到看病报销带来的实惠。

基层卫生基础设施建设不仅是 2010 年全国农村居民都能看病报销的途径，同时也是“扩大内需，促进经济增长”的重要方式。在 2008 年新增的 1000 亿元投资中，基层卫生基建作为重要民生工程建设项目，安排了专项投资 48 亿元。

**表 1.8 基层卫生基建投资分布**

| 投资方向 | 投资额（亿元） | 影响范围（个） |
|---|---|---|
| 县医院 | 0.44 | 26 |
| 县妇保站 | 1.55 | 59 |
| 县中医院 | 3.58 | 72 |
| 乡镇卫生院 | 18.91 | 1610 |
| 村卫生室 | 1.74 | 5547 |

续表

| 投资方向 | 投资额（亿元） | 影响范围（个） |
|---|---|---|
| 国有农场、林场和海岛基层卫生机构 | 6 | 3000 |
| 国有农场、林场和海岛卫生院 | 15 | 3300 |

数据来源：国家发改委网站

如表1.8所示，这次投资的重点是乡镇。经过这一轮投资不能说我国医保的问题就能得到很好的解决。医保覆盖率低，即报销线过高，而封顶线过低的问题会仍然存在；在“先自付、再报销”的模式下，很多贫困人口被排除在这种医保体系之外；东西部医保水平不协调，“东高西低”的情况还十分普遍。这些问题的解决都还取决于全国性医疗改革方案的出台。

**教育**

现在我国教育领域中存在的一些主要问题就是：农村、城市教育资源分配严重不均；职业教育与普通教育比例无法适应市场需求。从图1.10可以看出，城乡九年义务教育投入相当不均衡。农村九年义务适龄儿童数是城市九年义务适龄儿童的数倍，但是农村的教育投入却只有城市的一半左右。可见，现在的教育资源仍然集中在城市地区，这一现状亟须改观。

**图1.10　我国城乡九年义务教育对比（亿元）**

数据来源：中国统计年鉴2008

从图 1.11 可以看出，我国普通中学和职业中学数量也相距甚大，这与市场对人才的需求严重不匹配。在沿海城市产业结构升级、经济转型的背景下，我国对技术工人的需求量会逐渐加大，然而我国中等教育仍然是以普通教育为主，这不仅造成了教育资源的浪费，也增加了社会中的结构性失业。加大农村九年义务教育和职业技术教育投入，是我国教育投资当前应该迫切解决的问题。

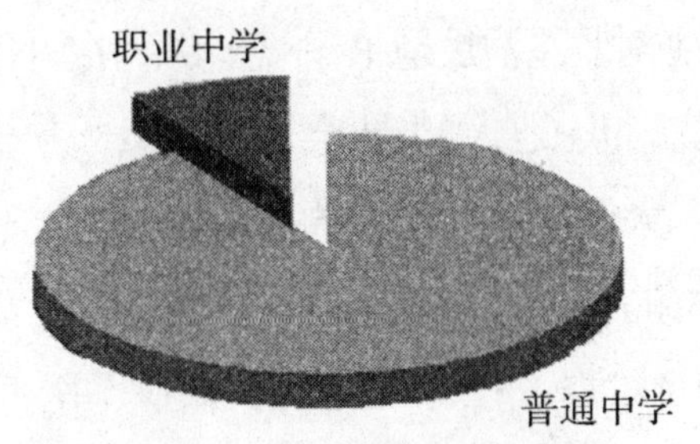


**图 1.11　我国职业教育与普通教育数量对比图**

数据来源：中国统计年鉴 2008

我们看到，在 2008 年新增的 1000 亿元投资中，涉及教育的资金具体数目是 44 亿元，占总资金的 4.4%，这部分资金主要用于：中西部农村校舍改造工程，涉及资金 30 亿元；中等职业教育基础能力建设，涉及资金 10 亿元；中西部特殊教育学校建设，涉及资金 4 亿元。如果以上这些资金能够有效运用，我国教育资源的配置效率将会有更进一步的提高。

**点评**

扩大内需，需要大家有钱消费并且愿意消费。用经济学的语言来说，扩大内需的必要条件是居民边际消费倾向足够大，或者说有足够的有效需求，光有钱而不愿意消费是拉动不了内需的。中国的储蓄率与世界上其他许多国家相比是很高的，这实际上也是许多外国资本认为中国消费市场有潜力并且愿意投资中国市场的一个重要原因。但是传统上中国广大百姓的消费观念是很保守的，大家都愿意把钱捏在手里，存在银行里，而不愿意花出去。不“乱”花钱，一方面是中国人以节俭为传统美德的表现，另一方面也是为了以备不时之需。住房、医疗、教育一直是广大民众支出的最重要部分，买房难、看病难、上学难，也一直被认为是压在老百姓身上的新“三座大山”。尤其是在近几年房价高涨的情形下，买房几乎会耗尽一个普通家庭几十年的积蓄（或者说是背负几十年的还贷压力）；而没有医保的百姓对医院更是心怀恐惧，在小病花大钱的情况下，谁也不愿意进医院，但是人总是会生病的，为了在生病的时候能得到有效的医疗，广大百姓必须节约平时的开支；教育对很多家庭来说也是一笔相当大的开支，甚至有不少父母在孩子刚出生的时候就开始为孩子存钱上大学。在中国社会保障、医疗保险等福利制度还不完善的情况下，广大百姓只能减少日常的消费支出。

因此，加快医疗卫生、文化教育事业的发展，不仅使广大百姓能看得起病，使所有适龄人群得到公平的教育机会，更重要的是，它免除了百姓的后顾之忧，只有这样，广大百姓才敢大胆地把手中的钱花出去，扩大内需才能落在实处。一个国家经济长久持续的发展归根结底还得依靠内需，扩大内需最好甚至可能是唯一的手段就是解除人们的后顾之忧。因此，这条政策不管是在当前还是在以后都是至关重要的，并且必须一直坚持下去。

## 五、生态环境建设——4万亿元带动的是绿色GDP

经过30多年的发展，我国2007年GDP比起1978年来，已经是翻了14倍，改革开放取得了巨大成就。但是这些GDP里面有多少是“绿色的”呢？有多少是“可持续发展的”呢？我国经济发展遇到了资源的瓶颈，遇到了环境的限制。生态环境问题是我们现在面临的一个重要问题。一句话，当前我国所面临的生态环境问题十分严重，总体的生态环境态势不容乐观!

**耕地**

一方面，我国耕地总量逐年减少，人均耕地面积飞速下降。据国土资源部2007年公布的数据显示，我国耕地面积已接近18亿亩的红线，人均耕地面积只有1.39亩左右。然而耕地逐年减少的趋势并未发生改变，可以看出耕地保护形势依然十分严峻。另一方面，我国土壤退化日益严重。缺氮、缺磷、缺钾，土壤有机质含量下降。据中国科学院等科研机构的多项调查表明，东北地区坡耕地黑土层厚度已从20世纪六七十年代的80~100厘米减少到现在的20~30厘米，土壤有机质含量由12%下降到1%~2%，85%的土地处于养分亏缺状态。

**草地**

一方面，我国草地退化严重，鼠虫害长期得不到根本控制。我国严重退化草原面积近1.8亿公顷，并以每年200万公顷的速度扩张。另一方面，我国草地质量在下降。优良牧草种类减少，而毒草种类和数量却在增加。草地面积减少、质量下降，使得草地生态功能的承载能力下降，进一步导致了沙尘化。

**水资源**

我国水资源贫乏，人均水资源只有2200立方米，仅为世界平均水平的1/4，是全球13个人均水资源最贫乏的国家之一。另外，我国工业用水效率极低。我国炼钢等生产过程的单位耗水量比国外先进水平高几倍甚至几十倍，水的重复利用率不到发达国家的1/3。再者，目前全国600多个城市中，有300多个城市缺水，其中严重缺水的有108个。城市缺水，就过度开采地下水，使得地下水位下降，有的城市已形成了几百平方公里的大漏斗。

以上我们只是简单列举了我国现在生态环境中的一些问题，其他的如我国的森林状况、湖泊湿地现状、水旱灾害现状、生物多样性现状、矿产开发现状、海岸带现状等都还远未提及。其实说这么多，我们还是想强调原来那句话："当前我国所面临的生态环境问题十分严重，总体的生态环境态势不容乐观！"

所幸的是，国家已经充分意识到这个问题。从图1.12中我们可以看出我国环保投入正逐年加大。在"十一五"期间，我国环保投入是"十五"投入的两倍。

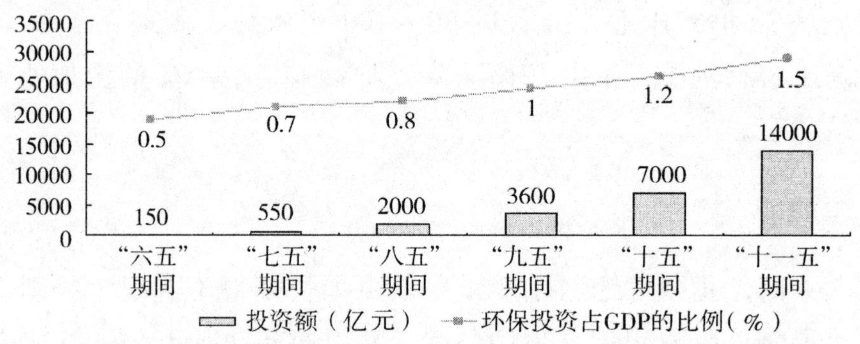


**图1.12 环保投资图**

数据来源：中国统计年鉴2008

在2008年中国环境与发展国际合作委员会开幕式上，国务院副总理李克强指出："中国将继续把环境保护放在突出的战略位置，把加强生态环境建设作为扩大内需的重要措施，促进民生改善和发展方式转变，保持经济平稳较快增长，实现经济社会全面协调可持续发展。"

从具体措施上看，2008年新增的1000亿元中，有120亿用于加快节能减排、生态工程建设。其具体投资方向如表1.9所示。

表 1.9 2008 年环保投资方向分布表

| 投资额（亿元） | 项目描述 |
|---|---|
| 50 | 城镇污水处理、垃圾处理、污水管网建设 |
| 10 | 重点流域的水污染防治工程 |
| 25 | 十大节能工程，循环经济，重点流域的工业污染 |
| 1.5 | 国有林区棚户改造 |
| 10 | 天然林资源保护工程：长江上游、黄河中上游、东北、内蒙古等天然林区 |
| 25 | 重点防护林保护：三北防护林、长江、珠江、太行山等防护林 |

数据来源：国家发改委网站

另外，2008～2010 年我国将陆续筹集 1 万亿元资金用于环境保护。主要用于新能源、可再生能源开发、节能节水节材、污染治理等新兴产业，尤其是核电、风电、太阳能等很可能成为中国新的经济增长点。

**点评**

应该说加强生态环境建设这一举措对经济增长的短期效果远没有如加快城市基础设施建设等政策产生的短期效果大并且迅速，当然政府加大投资肯定是会带动地方、社会投资并且会创造出新的就业岗位的（这里我们姑且认为政府投资的挤出效应比较小）。对于企业而言，加大企业污染的治理无疑会增加企业的成本，压缩企业的利润空间，从这个角度来说，这对短期遏制国家经济下滑趋势并不是一项利好政策。但是，加强生态环境建设是一个长期的经济增长点，为了保持整个经济长期稳定的增长，为了给后人留下足以发展的资源和环境，我们必须加强生态环境建设。因此，加强生态环境建设与加强农村基础设施建设一样都具有功在当代、利在千秋的特点，不同的是生态环境建设惠及的人群更广、时间更长。另外，生态环境建设不仅是一个长期的问题，更是一个国际性的难题，这主要是因为环境（尤其是大气）作为一个全球的公共物品，各国都有着“搭便车”的动力，每个国家都不想自己治理环境而共享他国治理环境的成果。对于这个问题，我们不能一味苛求环境污染国或者是发达国家完全承担治理环境的任务。中国，作为一个发展中的大国，在未来必须承担起加强生态环境建设的责任，并且以中国现在的经济形势和发展来看，我们也必须开始加强生态环境建设。

加强生态环境建设工程在短期虽然对扩大内需、促进经济增长的作用不是特别明显，在本轮政府投资中也不是处在最重要的地位，但是在长期，政府必将进一步并且持续地加大生态环境建设的投资。

## 六、自主创新和结构调整——以“内功”提升竞争力

一个企业需要有核心竞争力，一个国家同样也需要有核心竞争力。对一个国家而言，核心竞争力是什么呢？就是科学技术，是不可替代、不可模仿、具有高附加值的一种能力，“我会，你不会；我行，你不行”，就是这么简单。科技是经济发展的“内功”，科技是区分强国、弱国的重要标志，科技是决定一个国家在国际分工中相对位置的重要因素，科技是推动本国产业升级、经济结构调整的重要动力。金融海啸涌来，全球经济衰退，谁能存活？只有科技强者才能活下来，那些靠简单加工制造出口的企业，一片一片地倒掉！我国东南沿海的现状已经充分说明了这个问题。

### R&D 支出

然而看看我国科技现状，我们却颇有些担忧。从图 1.13 可以看出，我国自 2001 年以来，研发经费投入增长非常缓慢。2001 ~ 2006

年，我国 GDP 每年增长率在 10% 左右，而我国的研发经费支出却仅仅以每年一个百分点的速度在增加。这着实不像是一个“坚持自主创新”的国家应该有的表现。

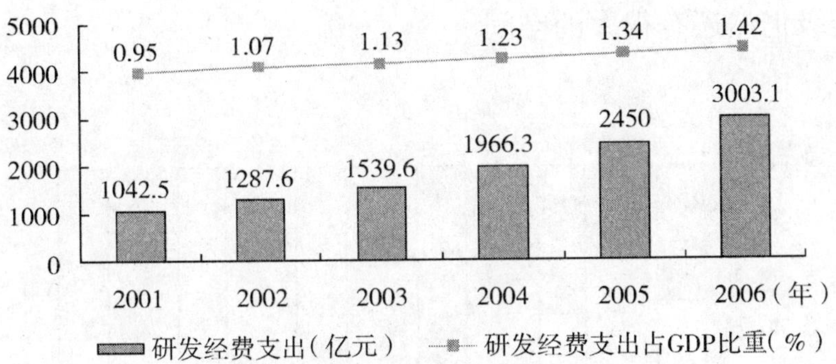


**图 1.13　研发经费支出走势图**

数据来源：科技部网站

我们再来进行一下 2006 年各国研发经费支出的横向对比。在基础研究中，美国投入 607.5 亿美元，而中国只有 19.5 亿美元，甚至韩国基础研究投入都比我国多。作为一个大国，作为一个潜在的强国，我国研发投入实在过低。

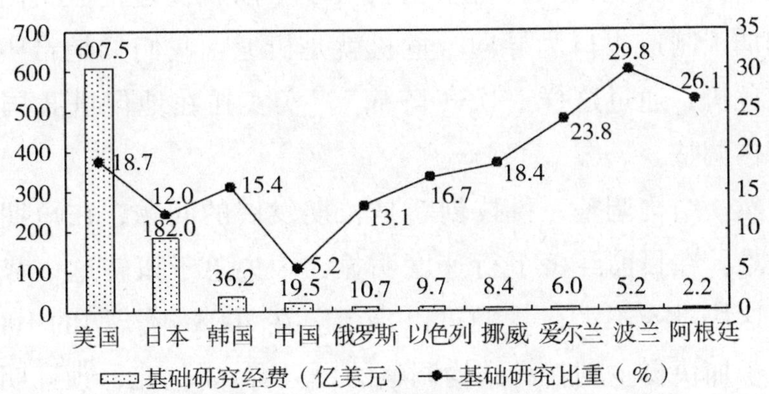


**图 1.14　基础研究经费支出国际对比**

数据来源：科技部网站

从国际产业结构比较上来看，一方面，自2000年以来我国第二产业、第三产业比重有所上升，按照一些专家的观点，我国已经进入新的重化工业阶段；另一方面，从横向比较来看，比起美国、日本，我国农业比重仍然过大，我国仍然是一个农业国家，我国产业结构升级仍然还有很大的空间。

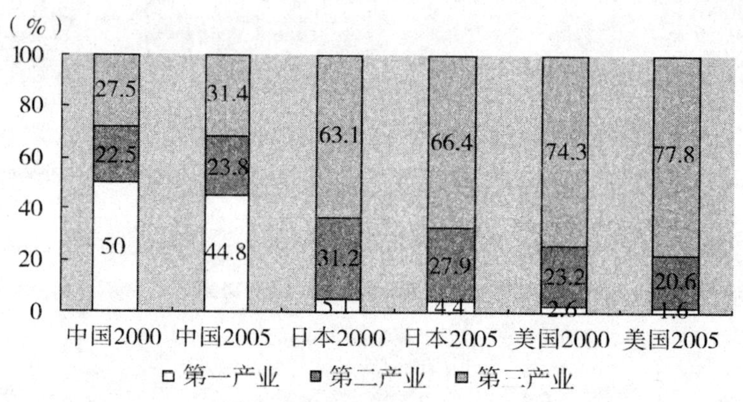


**图1.15　国际产业结构比较**

数据来源：科技部网站

“科学技术是第一生产力”，这个口号喊了很多年了，然而我国经济结构仍然转型困难；自主创新很多年前就提过，但我国仍然是以简单加工制造出口为导向。危机就是机遇，我们只是希望通过这次金融危机，通过这样一次“阵痛”，实实在在地促进我国自主创新、结构调整。

当然，结构调整、科技创新是长期发展的问题，在短期内拉动经济很难。在目前经济下行速度明显、中央急于扭转这一势头的情况下，这块投入不大，我们可以理解。在2008年新增的1000亿元中，用于加快自主创新和结构调整的，只有60亿元，预计明后两年这块投资额将达1600亿元。但是这些资金是否足额到位？这些资金如何高效运用？我们都在关注中。

**点评**

自主技术创新对一个企业和一个国家的重要性不言而喻，中国的技术创新水平和投入在世界上处于比较低的水平也是一个不争的事实。中国之所以被称为“世界加工厂”，从表面上来看是因为世界上的很多产品都是“MADE IN CHINA”，但是更深层次的原因是许多产品在中国生产并且仅仅只是在中国生产而已，对于这些产品，中国并没有掌握核心技术，因此在重要的方面只能受制于人。从这个意义上来说，“MADE IN CHINA”只是表明中国是在为广大发达国家打工而已，这并不是一个可以引以为傲的事情。一个企业没有核心技术就无法发展壮大，一个国家没有掌握大多数产品的核心技术就只能为世界打工，而解决这一切只能靠自主创新。事实上，中国早就认识到了创新对一个国家的重要性，江泽民同志早就提到过“创新是一个民族进步的灵魂，是一个国家兴旺发达的不竭动力，也是一个政党永葆生机的源泉”。政府也一直在加大技术创新的投入，但是明显力度不够，即使在这一次的投资中，技术创新投入所占的比例也相当小（不足5%）。这主要是因为技术创新的有效投入必须伴随着一系列的配套政策的出台，而且加快自主技术创新和结构调整实际上是一个中长期的过程，在短期内效果不会凸显，这必然注定着本项措施在这一轮投资中的“尴尬”地位：一方面是其重要性，一方面是投资的力度过小。但是这一措施无疑表明了政府的立场：在长期政府必将更加重视并且加大技术创新投入。

## 七、灾后重建——挖掘废墟中的“勃勃生机”

汶川地震是中国自新中国成立以来最为强烈的一次地震，这是一次浅源地震，震源深度为10～20千米，直接严重受灾地区达10万平方公里，破坏性巨大。截至6月20日12时，全国各地伤亡汇总，遇难69181人，受伤374010人，失踪1739人。

为表达全国各族人民对四川汶川大地震遇难同胞的深切哀悼，国务院决定，2008年5月19日至21日为全国哀悼日。在此期间，全国和各驻外机构下半旗志哀，停止一切公共娱乐活动。5月19日14时28分起，全国人民默哀3分钟，届时汽车、火车、舰船鸣笛，防空警报鸣响。

**图1.16　中学生为四川地震遇难者默哀**

资料来源：图海

我国计划用三年左右的时间，耗资1万亿元，完成四川、甘肃、陕西重灾区灾后恢复重建任务。灾后重建主要分为住房重建、设施重建、产业重建、城镇重建、生态重建等五个方面。就目前的数据来看，现在拟定1200亿元资金用于恢复汶川地震灾区公共服务设施，特别是提高学校、医院等公共服务设施抗震设防标准。1670亿元用于灾区基础设施建设，包括交通（高速公路、干线公路、铁路、民航）、通信（通信、邮政）、能源（电网、电源、煤矿、油气）和水利四个方面，涉及四川、甘肃、陕西三省 51 个严重受灾县、市、区，规划恢复重建期限为三年。

**破窗效应**

灾后重建所能带来的经济效应究竟如何？经济学上有一个“破窗效应”理论，指由于灾害导致经济受到损失，但在这之后为了救灾以及灾后重建，会导致投入的增加，从而对经济产生拉动作用。我国理论界第一次全面研究“破窗效应”是在 1998 年，当年的特大洪水对长江中游地区造成了巨大的财产损失。当时正逢亚洲金融危机，国家经济经受了很大的压力，增速放缓，通胀抬头。就在这个时候，有人提出不妨利用“破窗效应”，通过抗洪救灾及加大灾后重建的力度来拉动内需。这个意见后来在实践中被采纳，发展为整套的扩大需求、刺激经济的政策。经过艰苦的努力，我国不但战胜了洪灾，经济上也摆脱了亚洲金融危机的冲击，重新回到了快速增长的轨道之中。

**图 1.17　破窗效应图**

资料来源：百度百科

2008 年我国似乎同样面临着与 1998 年同样的情况：一方面是雪灾、地震造成的巨大破坏，另一方面是源于美国的金融危机席卷全球带来的冲击。无疑，灾后重建对我国拉动内需有积极的推动作用。各大民企、外企其实早已看好了这块重建的“大蛋糕”。浙江利森水泥早与什邡市签订增资 12 亿元的投资协议；全国浙商四川考察活动早在悄无声息中进行；义乌小商品城、柯桥纺织市场、海宁皮革城等在四川投办市场早已在紧锣密鼓的筹划中；嘉里集团、家乐福、爱美高等 8 家企业早与四川签约，签约总投资额为 21.8 亿美元；除了农行、浙商银行，浦发、兴业银行等都先后在四川设立了分支银行网点。看到如此多的企业涌入四川，我们有理由相信四川重建的确意味着巨大的商机和利润空间。

**点评**

2008 年对中国而言是一个灾难多发的一年，汶川地震更是成为了所有中国人心中的伤痛，但是灾难过后，我们更应该做的不是沉浸在悲痛之中，而是如何做好重建，让失去家园的人们重拾生活的信心，让被破坏掉的经济生活重新得以恢复。灾后重建，对于有责任心、关心民生的中国政府来说，无疑是至关重要的，中央政府早就明确了投资计划，借着这一股扩大内需的“东风”更是加大了对受灾地区的投入。但是，应该明确的是投资在灾区更重要的作用是赈灾和稳定民心。当然，巨大的投入对灾区（尤其对于那些几成废墟的灾区）经济增长的推动作用是明显的，灾后重建几乎会对当地各行各业都起到重要的推动作用。但是，灾后重建对整个国家经济的推动作用毕竟有限。如果从推动经济增长的另一方面消费来说，情况更是如此，平心而论，我们不能期望依靠灾区人民去拉动内需。因此，政府加大对地震灾区灾后重建的投资无疑表明了政府把关注民生放在了相当重要的地位，广大民众将会更加信任政府。从这个角度来说，加快灾后重建工程虽然在短期对国家经济增长的拉动作用不大，但是从长期来看将有利于政府执政效率的提高，从而对经济增长不无裨益。

## 八、城乡居民收入——经济发展的“源头活水”

我们都知道经济发展有三驾马车，即投资、消费、净出口。中国这十多年的发展，都是靠投资加力、靠净出口（也就是外国消费）拉动，而自己本国国民消费能力却日渐萎缩。为什么？我们国民穷啊，收入低啊！人均GDP看着一年比一年涨，而我们却感觉一年比一年穷。国民收入少，消费不足，对经济增长贡献率微乎其微；经济发展靠外需拉动，国际经济一有风吹草动，我们就如履薄冰。如此经济模式将如何贯彻科学发展观、构建和谐社会？

### 消费与GDP

看看我国消费对GDP的影响。在20世纪80年代初的时候，消费对GDP的贡献率达到60%以上，我们知道那时正是我们农民兄弟收入增长最快的时候，那时候属于内需拉动型经济；然而自2000年以

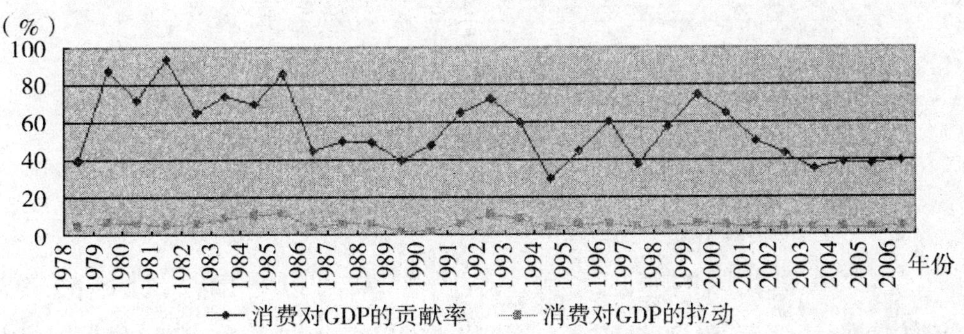


**图1.18 消费对GDP的影响**

数据来源：国研网

来，消费贡献率一直在40%左右徘徊，社会多数群体收入增长缓慢，社会消费严重不足。这就是我国当前宏观经济的一个基本情况。

**城乡收入**

看看我国城乡居民收入的差距，图 1.19 是来自统计年鉴的数据。城乡居民收入差距逐年扩大，到 2007 年城乡居民收入比约为 3.5。如果我们考虑到城市居民的一些隐性收入，如社保福利、市政补贴、教育优惠等，那实际收入比将会是6 倍、7 倍。占我国人口绝大多数的农村居民收入始终徘徊在6000 元以下，经济发展的“消费马车”如何能够启动？所以，我们必须“大力提高城乡居民收入”。

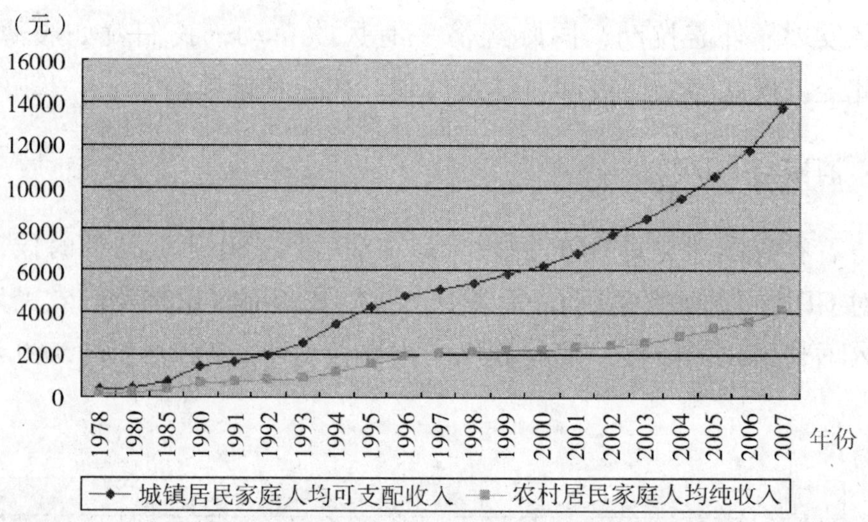


**图 1.19　城乡居民人均收入差距**

数据来源：中国统计年鉴 2008

再来看看我国的基尼系数。从图 1.20 可以看出，我国自 1998 年以来的基尼系数逐渐变大，当然在 2006 年提出构建和谐社会以后，基尼系数有所下降，但下降幅度不大。按照凯恩斯的消费理论，社会贫富差距过大，社会消费动力就不足，因为富人的钱更倾向用于储蓄。从现实来看，富人即使消费也是跑到国外消费，那国内消费动力就更不足了。要构建和谐社会，实现共同富裕，基尼系数这个问题值得我们深思。

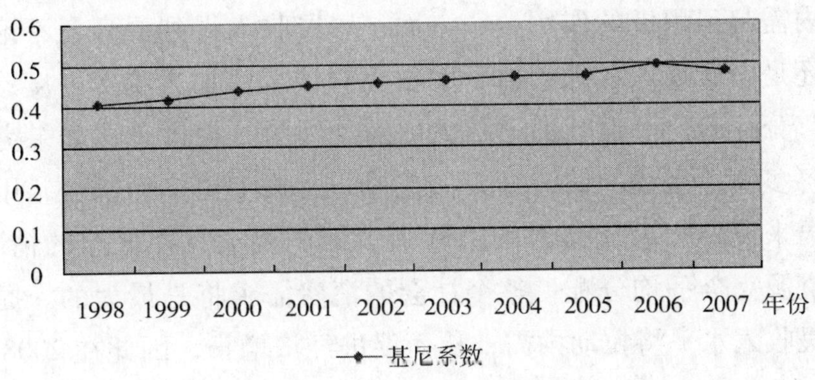


**图 1.20　基尼系数走势图**

数据来源：世界银行、中国社会科学院

据了解，“提高城乡居民收入”在中国已成为民意调查的首选，对政府来说，这无疑是一种沉甸甸的责任，它反映了老百姓的呼声和心愿。改革开放 30 年来，老百姓的生活有了历史性的改善，这是任何一个人都要承认的。但是，改善的程度与人民群众不断增长的要求相比，仍有不小的差距，仍有大量的民计、民生问题迫切需要更好地解决。

我们很庆幸地看到，国家已经意识到这个问题的严重性，在学界，提高城乡居民收入已成为一种共识。在“国十条”的具体措施中，国家已经出台了具体的政策措施。首先，国家将大幅度提高明年粮食收购价格，幅度约为 13% ~15.3%；其次，国家还将提高明年农资综合直补、良种补贴，但具体补贴度尚不清楚；最后，针对城镇低收入群体，国家将提高城镇低保水平，提高企业退休人员基本养老金水平和优抚对象生活补助标准，但提高幅度尚不明确。

**点评**

提高低收入群体的收入水平，被认为是在经济不景气时见效最快的政策措施。提高居民收入，促进社会分配公平会从两个方面对扩大内需起到积极的作用：一方面，居民收入得到提高，不论高收入者还是中低收入者都会由于手中更有钱了而加大消费力度；另一方面，分配的公平也有助于扩大内需。因为一般说来，如果穷人和富人各多挣一元钱的话，穷人将花掉一元钱中更多的部分，用经济学术语来说即穷人比富人的边际消费倾向要大，在理想的情况下，社会资源完全平均分配，整个社会的消费需求将是最大的。提高城乡居民收入水平将拉动内需，从而促进经济增长，因此在2008年的经济环境下提出提高城乡居民收入并配套出台相关政策将会对扩大内需、促进经济增长起到极大的作用。

但是也应该看到，这种促进作用的发挥是有其限制的。首先，是物价水平及民众对物价水平的预期，因为如果物价水平的上涨超过了收入的增长，居民的收入将完全被物价的上涨所抵消，从而对拉动内需起不到积极的作用；而如果民众预期物价在未来将下降，大家将会把钱存起来而等待以后消费，这当然也不是政府出台扩大内需的政策想要的结果。其次，百姓对政府提高居民收入水平政策的信息也会影响到消费，如果百姓预期收入的提高仅是一次性的话，大家很有可能不会增加消费至少是不会把增加的收入全部花完，而这也会影响到本条措施的实际效果。因此，这项措施要完全发挥其积极作用的话，政府不仅要在稳定物价上做好工夫，更应该让广大百姓相信这种政策会持续下去。

# 九、增值税转型改革——企业轻装上阵，应对危机

在2006年美国财经杂志《福布斯》上发表了世界各国“税负痛苦指数排行榜”，中国居第三，居前两位的是谁？法国、比利时，不过别忘了它们都有慷慨、健全的社会福利制度！很多专家都表示中国企业的税负的确过重，当然国税总局、地税局也有自己的一套说法。你就记住一句话：中国企业税负的确很重。这是很多专家的意见。

**税法简介**

下面我们来普及一下我国税法的一些基本知识（以下资料来自2008年CPA税法教材）：我国现行税制有18个税种，按照税负的最终承担者分为：直接税——该税种的负税人就是纳税人，如个人所得税、企业所得税。间接税——该税种的负税人不是纳税人，而是最终产品、劳务的购买者，如增值税、营业税、消费税等。我国目前税制基本上采用以间接税、直接税为双主体的税制结构，间接税占全部税收收入的60%左右，直接税占全部税收收入的25%左右。

**表1.10　中国税法简介**

| 税法的性质 | 具体税目 | 税　率 |
| --- | --- | --- |
| 流转税 | 增值税：对货物产品增值部分征税，对加工、修理修配劳务征税 | 17%，13% |
| | 消费税：对一些奢侈品、一些不利于环保等的产品再征一次税 | 税率不等 |
| | 营业税：主要对一些服务业方面劳务收入征税 | 5%，3% |

续表

| 税法的性质 | 具体税目 | 税　率 |
| --- | --- | --- |
| 资源税类 | 资源税：对使用国家矿产资源征收的税 | 定额税率，一般较低 |
| | 城镇土地使用税：对使用城镇土地面积征税 | 固定税率，一般较低 |
| 所得税类 | 企业所得税：对企业的营业利润征税 | 25%，2008 年内外资企业统一 |
| | 个人所得税：对个人所得收入征税。起征点很低，多为 800 元（劳务收入），或 2000 元（工资收入），即个人要多缴税 | 各个税率不等 |
| 特定目的税类 | 固定资产投资方向调节税（暂缓征收）、城市维护建设税、车辆购置税、耕地占用税、烟叶税（不重要） | 税率较小 |
| | 土地增值税：销售房地产的收入，扣除企业的一些成本费用，对最后的增值额征税 | 超率累进：20%，30%，40%，50% |
| 财产和行为税 | 房产税：拥有房产产权，你要按房屋面积缴税；或租金收入缴税 | 12%或定额税率 |
| | 车船税：拥有汽车、轮船要缴税 | 定额税率 |
| | 印花税：你签合同也要缴税 | 税率较低 |
| | 契税：你买房子也要缴税 | 5%，现在估计降了 |
| 关税类 | 关税：进出口物品缴的税 | 税率不定 |

资料来源：中国 CPA2008 年税法教材

自 1994 年以来，我国税法有两次比较重要的改革：一个就是 2004 年免除了农业税，取消了近 2000 多年的皇粮税，这是一项颇得民心的举措；另一个就是 2008 年内外资企业税率一致，都为 25%。其实早该这么做了，外资企业大多年年做假账，居然还享受优惠政策这么多年，实在有些难以理解！

### 措施

自2009年起，我国税法又要做一系列改动。首先，就是增值税转型，自2009年1月1日起我国生产型增值税转为消费型增值税，即允许企业购进机器设备等固定资产的进项税金在销项税金中抵扣；其次，取消进口设备免征增值税政策，取消外商投资企业采购国产设备增值税退税政策；再次，将小规模纳税人的增值税征收率统一调低至3%；最后，矿产品增值税税率恢复到17%。

实施增值税转型改革一方面国家会减少税收从而加大资金投入的困难，另一方面企业由于减少税负从而会有更大的利润空间。预计本项措施对各个行业的影响主要体现在以下几个方面：

（1）对于采矿企业来说，采选产品增值税增加4%调高了产品成本，但外购设备允许抵扣进项税额，长期来看企业的成本没有增加。而由于矿产品增值税率的提高，将促进矿产资源的节约和综合利用，这甚至会对加快生态环境建设方面起到促进作用。

（2）工具类固定资产投资额较大的行业，如机械设备、石化业、电燃水业、建材业、钢铁等行业将获得较大的抵扣税额，增值税转型可以增厚企业利润，从而有利于我国装备制造业的振兴。

（3）增值税转型后出口型生产企业可以抵扣的进项税额相应增加，可以降低企业的出口成本，从而提高出口产品的国际竞争力。这将通过出口对促进经济增长产生较大的影响。

### 点评

可以看到，增值税转型改革对各个行业来说都是一项利好政策（对部分大的国有企业而言更是如此），减少税务负担对某些处于盈亏平衡点的企业来说甚至可以起到起死回生的效果。因此本项措施对中国经济增长的推动作用不言而喻。

减税作为积极宽松的财政政策的一项重要手段在世界上的很多

国家都使用过，我们可以看一看2008年美国的“救市计划”。在美国7000亿美元的“救市计划”中，减税的额度为1500亿美元，占了20%以上，其重要性可见一斑。而在中国的投资计划中减税所占比例仅在3%左右（预计2009年减少企业税负约1200亿元，除以4万亿元），因此在此次投资计划中，政府在减税方面的力度不能说是很大。但是鉴于减税对促进经济增长的重要作用，我们预计未来政府可能会出台新的减税政策。

## 十、经济核心：金融——发挥“经济核心”的输血功能

“金融”用咱们老百姓的语言来说，那就是钱！金融行业说白了就是一个用“钱”生“钱”的一个行业。钱怎么能生钱呢？你细想一下觉得有些不可思议，这个东西又不是什么动物、植物可以繁殖后代，居然也能生钱？如果你真想了解资本为什么能够增值，钱为什么能够生钱，我建议你去看看《资本论》，这本书据说在欧洲又重新开始流行，马克思的雕像又重新被搬回大学校园，当然这本书太厚、太晦涩、太难懂，我估计你没有兴趣。比较有趣味的就是《货币战争》，美国金融危机使得这本书着实火了一把，这本书似乎时刻讲述着这样一句话：资本市场上从来都是充斥着各种各样的“阴谋阳谋”。

### 美国金融危机

我们首先来看一看起源于美国的这次金融海啸。

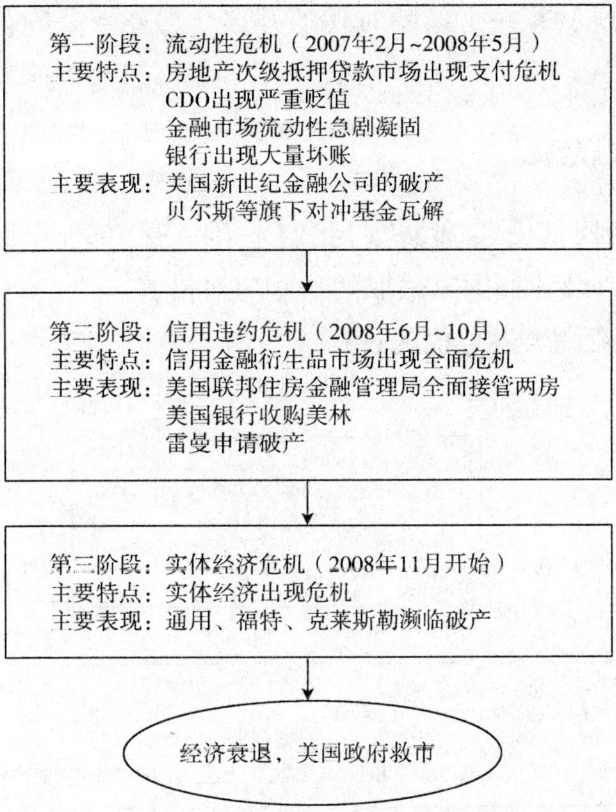

第一阶段：流动性危机（2007年2月~2008年5月）
主要特点：房地产次级抵押贷款市场出现支付危机
CDO出现严重贬值
金融市场流动性急剧凝固
银行出现大量坏账
主要表现：美国新世纪金融公司的破产
贝尔斯等旗下对冲基金瓦解

↓

第二阶段：信用违约危机（2008年6月~10月）
主要特点：信用金融衍生品市场出现全面危机
主要表现：美国联邦住房金融管理局全面接管两房
美国银行收购美林
雷曼申请破产

↓

第三阶段：实体经济危机（2008年11月开始）
主要特点：实体经济出现危机
主要表现：通用、福特、克莱斯勒濒临破产

↓

经济衰退，美国政府救市

**图 1.21　美国金融海啸阶段图**

这次金融危机对美国经济造成了极大的影响，并直接导致华尔街投行时代的结束。这次危机对世界经济的影响也是巨大的，例如中国 2008 年第四季度以来，GDP 快速下滑，东南沿海一带大批企业倒下，农民工都陆续返乡；大批毕业生找不到工作，就业问题十分严峻；直接导致我国政府出台规模庞大的刺激经济措施：4 万亿元、“国十条”。当然这也是本书出版的一个重要时代背景。

很多人都在关心未来两三年内的投资前景怎样？我们所处的这个时代是否正在发生一些深刻的变化？对于前一个问题，正是本书价值所在，我们致力于提供给读者一些可行的建议和对策。对于后一个问题，有篇文章叫：《大裂变来了?》似乎告诉我们：2008 年金融危机似乎预示着一个新的时代的开启！注意：是新的时代，不是新的一年。

## 亚洲金融危机

“十年轮回，史鉴1998”，我们来看一看1998年那场金融危机及其影响，以及我们国家采取的一些应对措施。

1998年亚洲金融危机的过程：

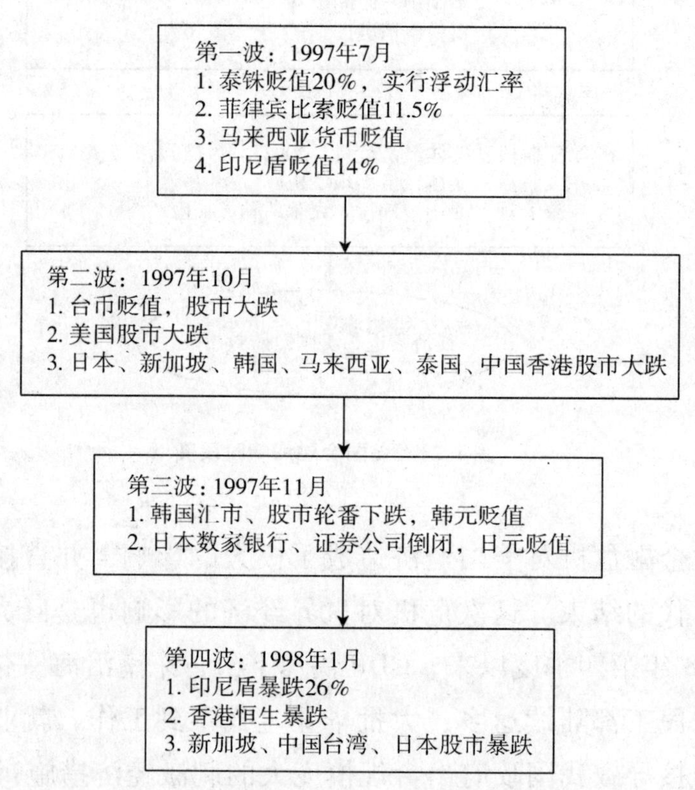


**图1.22　1997年亚洲金融危机阶段图**

自1997年7月起，一场始于泰国，后迅速扩散到整个东南亚并波及世界的东南亚金融危机，使许多东南亚国家和地区的汇市、股市轮番暴跌。金融系统乃至整个社会经济受到严重创伤，1997年7

月至1998年1月仅半年时间内，东南亚绝大多数国家和地区的货币贬值幅度高达30%～50%，最高的印尼盾贬值达70%以上。同期，这些国家和地区的股市跌幅达30%～60%。据估算，在这次金融危机中，仅汇市、股市下跌给东南亚国家和地区造成的经济损失就达1000亿美元以上。受汇市、股市暴跌影响，这些国家和地区出现了严重的经济衰退。

我国在1998年亚洲金融危机之后采取了哪些政策措施呢？国家提出了"西部大开发"的战略构想，紧接着就是"振兴东北老工业基地"，然后又是"中部崛起"。国家只有一个目的：拉动内需！似乎和今天的目的一样。当然我们1998年还看到了教育产业化、医疗产业化、房地产业开始兴起——都是一些涉及民生的领域。今天我们也看到医疗改革、加大教育投入、加强建设保障性安居工程——也都是一些涉及民生的领域，不过这次似乎是让利于民。十年轮回，2008年与1998年对比起来似乎显得那么有戏剧性。

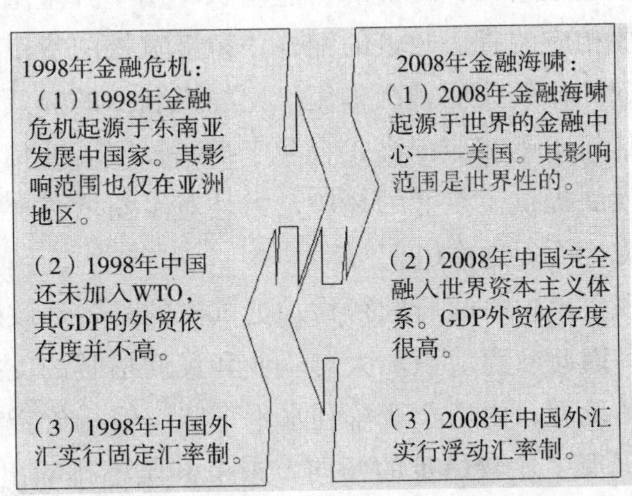


**图1.23　1998年与2008年金融危机对比图**

从1998年亚洲金融危机与2008年全球金融海啸的对比中，我们发现2008年的形势要比过去都要严峻。2008年我们所面临的是一场前所未有的考验与挑战。

**措施**

“加大金融对经济增长的支持力度”，我们看到国家开始向经济体“输血”了，刺激经济增长、改变经济衰退趋势的货币政策正在悄然走向前台：2008 年 11 月 27 日，下调金融机构一年期人民币存贷款基准利率各 1.08 个百分点。2008 年 12 月 5 日，下调大型商业银行存款准备金率 1 个百分点，下调中小型商业银行存款准备金率 2 个百分点。12 月 3 日，国务院常务会议共提出了落实适度宽松的货币政策、加强和改进信贷服务等 9 项措施。

由于货币政策的迟滞性，我们近期内还看不到这些政策措施的效果。但是，无疑，政府这些举措为经济回转加了一剂猛药！

**点评**

经济的核心是金融，经济的快速增长，离不开金融的支持。扩大内需，需要相应的货币政策的配合，积极宽松的货币政策会对整个经济运行起到比较大的刺激作用。比如说利率的降低可以让股票市场对应的估值水平相应提高，有利于提高投资者的信心，并且为资本市场的发展提供了良好的环境，另外对于新增资金进入股市也将发挥较有力度的促进作用。

投资不仅仅是中央政府的行为，更重要的是各地政府和企业以及民间投资，因此政府应该加大对企业和民间信贷的支持。但是从当前的实际情况看，由于企业盈利水平下降，银行放贷特别是对中小企业放贷出现了比较慎重的倾向，未来甚至不排除出现“惜贷”的可能性。要增加对企业的信贷支持，光靠货币政策调整是不够的，还需加大财政、税收和货币政策的协调配合力度，比如大力扶持中小企业担保机构发展，针对不同企业采取出口退税和减税的相关政策等。

# 第二篇　区域篇

东北——黑土地上的商机

华北——从资源消耗到绿色环保

西北——筑得金丝巢，方有凤凰栖

华中——整阡陌，开交通

华东——春风又绿

华南——“杀出一条血路”

西南——西部开发的“桥头堡”

经济刺激指数——看上去很美

# “损有余以奉不足”

在中央4万亿元扩大内需的投资计划公布后，全国各省市纷纷在第一时间公布了自己的投资计划，而且有的省份还不断后续追加投资，总的计划投资额甚至超过了20万亿元。这一方面表现出了各省级政府对中央政策的执行力度之强，另一方面也不可避免地存在一些“跟风”的因素。

我们来看看各省在第一时间公布的投资计划额度：四川和云南以3万亿元高居榜首，其次是广东、陕西、内蒙古、辽宁、重庆、河南的计划投资额度都在1万亿元以上，山东、山西、江苏、河北、上海的计划投资额度都在5000亿~1万亿元，而计划投资额度在1000亿~5000亿元的有吉林、安徽、浙江、福建、海南、江西、北京、湖南、新疆，剩下的省市的计划投资额度则在1000亿元以下，甚至有个别地区的计划投资额度不足100亿元。从以上可以看出，全国各地的投资额度在不同的地区表现出不同的特点，其中投资额度在1000亿~5000亿元的省市占了接近1/3的比例。这一场从中央到地方，从政府到民间，从东到西，从南至北的投资计划将对我国的经济社会各方面产生巨大而深远的影响。

首先，有助于扩大内需，带动经济增长；其次，能创造大批就业岗位，对当前就业难的问题起到缓解作用；再次，能调整经济结构、促进产业升级；最后，会对百姓生活提供相当大的便利，让人们能享受到更高质量的生活。另外，这次大投资还蕴含着大量的投资机会，只要善于发掘，机会就在我们眼前。当然，这次投资计划最重要的是给予了人们极大的信心，我们的政府、我们的企业、我们的人民有能力，也必定能够克服此次金融风暴，我们国家的经济也必定能够持续稳定地发展下去。

当然，由于各个省市的投资计划既有其相似的方面，又有其不同的地方，而其本身的条件和基础亦各不相同，因此，在本篇我们将从各个省市的角度深入剖析其投资计划，以及该计划会对本省市方方面面产生的影响。

## 一、东北——黑土地上的商机

东北，也称关东，位于山海关以东以北，包括辽宁、吉林、黑龙江三省和内蒙古自治区东部的三市一盟。东北三省是我国的老工业基地和粮食主产区，具有综合的工业体系、完备的基础设施、丰富的农产品资源、优良的生态环境和雄厚的科教人力资源等优势，是一片极具潜力的富饶之地，其土地总面积和人口均占全国的8%左右。

东北三省被誉为新中国的“工业摇篮”。布局在东北三省的钢铁、能源、化工、重型机械、汽车、造船、飞机、军工等重大工业项目，奠定了中国工业化的初步基础。东北老工业基地中的装备制造业特别是重大装备制造业，曾经为我国做出了巨大的贡献，即使是在现在仍具有产业、科研和产业技术工人等优势和产业实力。

在2008年中央扩大内需投资4万亿元计划的推动下，东北三省也积极出台相应的政策和投资计划，其中辽宁省更是计划在2009年投资1.3万亿元来拉动内需，这个数字在全国31个省市的计划投资中也名列前茅。

### 辽宁

辽宁省政府确定的1.3万亿元投资计划中，重点和关键在于固定资产投资，其中包括在建的重人基础设施项目、服务业和县域经济等。在资金的运用上，辽宁省认为要利用好中央资金、地方资金和金融机构资金；要加大对外开放，加大招商引资力度，利用好国外资本和国内南方资本，通过市场筹集资金。在辽宁省确定的投资计划中，沈抚同城化工程占据了一个重要的地位。

沈抚同城是以沈抚三大文化源，即浑河文化源、清文化源和工业文化源进行总体定位的。沈阳市、抚顺市在总体发展规划以及分项发展规划（产业、交通、基础设施、信息、水系、旅游等）中将统一理念和行动。另外，沈抚同城化还将在形态、产业、交通、基础设施、生态、信息、市场、项目上实现同城化。其中在产业上，核心是实现产业一体化，实现工业产业优势互补，农业、旅游业、房地产业实现同步发展，其他产业共同规划。在交通上，沈抚同城化要实现的是城市轻轨、高速公路、铁路、水路等共同规划，构建沈抚“半小时交通圈”。而在项目上，则要结合两个开发区产业特点，合理布点，形成点轴结合发展的产业带。

政府对于沈抚同城化工程的投资估计会带动1000亿元以上的资金投入，并对钢铁业、汽车业、房地产业、制造业、金融业、零售业、能源业等起到重要的推动作用。这对辽宁省处于危机中的房地产业和汽车业带来了一丝丝暖意。

### 吉林

2008年底吉林省出台了贯彻中央扩大内需政策措施，促进吉林经济平稳较快发展的意见，制定了18条应对措施，以期借扩大内需机遇更好地促进吉林经济平稳较快发展。这18条措施主要包括：全面推进重大基础设施建设、积极推进产业结构调整、加快发展医疗卫生教育文化等社会事业、提升自主创新能力、扎实推进节能减排、促进民营经济腾飞、努力提高城乡居民收入、扩大重点领域消费、保持出口稳定增长、加大财税对经济社会发展的支持力度、合理扩大信贷规模、完善金融体系建设、有效防止工业生产下滑等。为此，吉林省将重点实施交通、水利电力、生态环保、城市公共设施等8

大工程，计划投资4000亿元左右，推动吉林省基础设施建设跃上一个新台阶。

**表2.1 吉林计划投资项目表**

| 投资方向 | 项目描述 |
|---|---|
| 铁路工程 | 建设哈大客运专线、长吉城际铁路等项目 |
| 公路工程 | 建设营城子至松江河、松原至双辽等高速公路 |
| 民生工程 | 2009年启动林区棚户区改造 |
| 公共设施 | 长春地铁1号线2010年开工 |
| 电力工程 | 华能九台电厂、中电投白城电厂等项目，尽快启动核电项目 |
| 环保工程 | 抓好松花江流域污染治理 |
| 水利工程 | 老龙口水利枢纽2009年下闸蓄水 |
| 机场工程 | 2009年扩建长春龙嘉国际机场 |

数据来源：吉林省发改委网站

从吉林省的计划投资项目来看，交通基础设施建设（包括铁路工程、公路工程、机场工程、公共设施）所占比例不小。当这些工程在建的时候，无疑会带动大批就业；而在工程完成之后，带给百姓的更是出行上的便利。

### 黑龙江

2008年11月，黑龙江省确定了近200个大项目建设，力争抢抓工时，确保超额完成年度推进计划。另外，还要进一步做好项目前期工作，推进项目库建设，围绕中央扩大内需政策支持的产业结构调整和优化升级，实施千亿斤粮食产能工程等重大民生工程、重大基础设施建设和生态环保等重点领域，谋划一批带动力强的大项目，为投资扩大内需提供有力支撑。黑龙江省为进一步扩大内需，突出抓好产业结构调整优化。在发挥比较优势，做大做强装备制造、能源、石化医药、食品等优势产业的同时，还要加快高新技术产业和新兴产业的发展。加快推进资源类产品深加工和转化，延伸产业链条，提高资源利用率；大力拓展服务外包等生产性服务业，加快旅游、物流、金融、咨询等服务业的发展。着重加大对生物、医药、新能源、新材料等高新技术产业化项目和工业结构调整项目的支持力度。为此，黑龙江省总共计划投资600亿元以上以促进扩大内需。

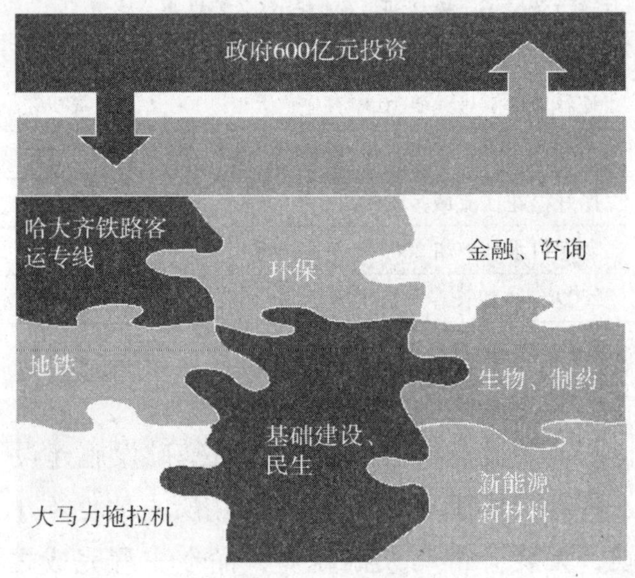


**图 2.1　黑龙江计划投资拼图**

黑龙江省与其他两个省在投资方向上有一个明显的区别是更加注重农业方面的投资，黑龙江省计划实施千亿斤粮食产能工程、新增大马力拖拉机1万台，这在其他省市的投资计划中是比较少见的。在这样的投资计划的激励下，黑龙江省的农业基础必能更加夯实，农村生活也能更上一个台阶。

**点评**

东北是一个寒冷的地方，东北又是一个激情似火的地方。东北三省的重工业不仅奠定了中国工业的基础，亦在今天发挥着越来越重要的作用。“振兴东北老工业区”口号的提出对于东北经济的发展起到了极大的促进作用，现在东北三省更是不遗余力地提出了自己的投资计划，力图为扩大内需、促进经济增长再立新功。

可以看到，东北三省的投资项目主要集中在基础设施建设方面，哈大齐铁路客运专线项目、哈大铁路客运专线项目都在本次的计划投资（追加投资）范围之内。应该说东北的交通状况虽然比不上中部地区，但是却比福建、贵州等地区远为优越，基础设施建设的大力投入，公路、铁路的修建一方面固然是一个“民生工程”，因为它让百姓出行更为便利；另一方面，它也增加了许多新的投资机会，“要想富，先修路”，交通状况的作用可见一斑。而如钢铁、汽车、房地产等行业也会由于本次的政府投资而受益。在本次投资计划中，辽宁省的一个重要项目就是“沈抚同城化项目”，应该说这个项目在辽宁省已经进行了数年之久，但是借本次增加投资、扩大内需的机遇，必将大大加快同城化的建设进程。到时候两地人民将融合到同一生活圈，生活中的各个方面都会因此而更加便利。可以说“因此，我们走得更近”。

如果在面前摆上一张东北地图，再点上一支烟，在烟雾缭绕中看东北这三年来振兴发展的历程，很多人都会很兴奋。因为我们会看到在未来几年内“黑土地”上将商机无限！

有人认为振兴东北经济的关键是实现区域一体化，我们对这个观点表示赞同。我们上面具体介绍的沈抚同城化项目、哈大齐铁路客运专线项目、哈大铁路客运专线项目，可以说都只有一个目的——区域协调发展。《东北地区振兴规划》中最有特色的亮点就是“协调区域发展，优化区域空间格局”，用一个形象的词汇来表述，那就是“三纵五横”。

按照比较优势理论的结论，区域经济一体化、协调发展的好处是什么，一句话：“他好，我也好。”科学发展观五个统筹之一就是：统筹区域协调发展。当然这是从国家宏观经济层面来确定发展方向。从个人角度、企业角度，东北经济一体化会有什么样的商机呢？

商机一：农副产品加工业、日用品轻工业蕴含巨大商机

在计划经济时代，东北是我国的重化工业基地，国家很多大型项目都建设在这里。目前的局面是，重化工业在东北比重很大，民营经济比重偏少，即民营经济竞争少，这是第一个条件。东北一直是我国的粮仓，古来就有“东北有粮，中国不慌”这一说法。那么依托东北粮食基地，发展农副产品加工，即原料广，这是第二个条件。俄罗斯重工业很发达，但是轻工业欠缺，如果利用东北劳动力密集这个优势发展日用品轻工业，销往俄罗斯，即近水楼台，这又是第三个条件。东北经济一体化，物流成本降低，这是第四个条件。再加上近年来国家在该地区税收优惠、政策支持，这是第五个条件。若干条件具备，此时“只欠东风”。我们认为东北农副产品轻工业在将来必然有很大的盈利空间。

商机二：金融行业潜力无限

如果我们将国内若干的银行、证券公司、保险公司细加盘点，我们会发现总部落在东北的金融机构寥寥无几。再看看各大高校的毕业生宣讲会来自东北金融机构的，更是寥若晨星。在网上百度了一些东北的证券公司，也就发现一个东北证券，其在东北很牛，但出了东北基本上就没有什么大的影响了。一句话，金融机构总部在东北的少之又少。另外，在《东北地区振兴规划》中，我们看到东北振兴将“大力发展面向生产的服务业，加快发展金融业”，假如这不是官话套话，那么这给我们传递的信息是什么呢？东北将大力发展金融业。前不久刚刚出炉的“东北振兴银行”也许体现了官方的一些意图。对于一家金融机构来说，东北这块市场潜力无限；对于一个金融从业者来说，何不趁该地区人才体系还不完善，入主东北，占据优势地位，以待将来的发展。

商机三：边贸活动活跃

东北经济区在中国区域格局中有其独特的战略地位。一方面，它沿海沿边，东望日本，西接蒙古，北瞰俄罗斯，南俯朝韩；另一方面，它位于欧亚板块东段，地处北太平洋西缘，是欧、亚、美三大洲的“大陆桥”枢纽。这种得天独厚的地理优势，是发展边贸的最有利因素。再加上我国与北方诸国的战略联盟，这又是发展边贸有利的政治保障。曾几何时，当我们还在抱着死工资不放时，南方几省那些搞边贸的都已经是“论秤称金”；现在浙商、徽商、晋商仍然在东北边贸上异常活跃。像这种技术含量低，资本需求量不大的边贸活动，别人可以做，我们为什么不可以做？四处奔波一些、风雨无阻一些、积极肯干一些，“论秤称金”离我们还有多远？——所以，我们就一句话：到东北去，搞边贸去！

## 二、华北——从资源消耗到绿色环保

### 北京

北京按照建设“人文北京、科技北京、绿色北京”以及扩大内需的客观要求，在2010年底之前将安排政府投资1200亿~1500亿元，预计带动社会投资10000亿元。这些投资将用于基础设施建设、民生改善、生态环境改善、新农村建设等领域。未来一段时间内，北京将以每两年建成100公里、每年至少通车一条线路的进度推进城市轨道交通建设，到2010年累计投资900亿元，通车里程达到300公里。此外，北京还将加快外部联络线和城市路网、公交枢纽建设，重点推进京台高速北京段等高速公路建设，提前建成全市规划高速公路网。北京还将实施一批增强资源能源保障能力的重点项目，加快建设华能等四大城市热电中心、陕京三线等输气项目和南水北调配套工程；推动建设民生改善项目，进一步加大保障性住房和两限商品房建设，2009年建设总规模力争达到850万平方米；通过实施老城区危改等工程改善居民居住条件，推进一批重大公共卫生、文化设施和社会福利设施项目建设；加快实施多个新城森林公园和绿色走廊等生态项目建设，加快新城基础设施、城乡结合部改造和新农村建设，早日实现城乡一体化。

北京作为中国的政治、经济、文化中心，在许多方面都有着其他城市不可企及的优势。北京聚集了全国各地的精英，北京也聚集了全国各地的流动人口，数据显示北京人口总数超过1700万，流动人口超过510万，北京的交通压力可想而知，北京的交通状况不言自明。因此，北京的计划投资大多将投向地铁、公路建设方面，这是符合北京现状的。我们可以预料，在北京的交通状况越来越好的明天，不仅是首都人民的福音，更是全国人民的欣慰。

### 天津

在扩大内需的政府投入方面，天津市决定用三年的时间投入总计约165亿元资金、建设149项重点工程，全面推进天津生态城市建设。这些旨在解决影响天津城市环境质量中重大问题的项目完工后，天津市有望实现“天更蓝、水更清、地更绿”。

应该说，在我国的四个直辖市（北京、天津、上海、重庆）中，天津的经济发展算不上是很突出的，但是本次天津政府的计划投向无疑具有其独到之处。环境保护是具有外部性的行为，任何一个理性人都希望自己不为环境保护付出而共享他人治理环境的成果，天津政府的此次行为一方面会为净化天津市的城市环境起到巨大的作用，另一方面，也会树立起一个负责任的政府的形象。

另外，从经济发展的角度而言，天津的经济增长极是滨海新区，套用一句官话：“这里将是承载个人梦想的地方，这里将是见证中国经济顺利转型的地方。”

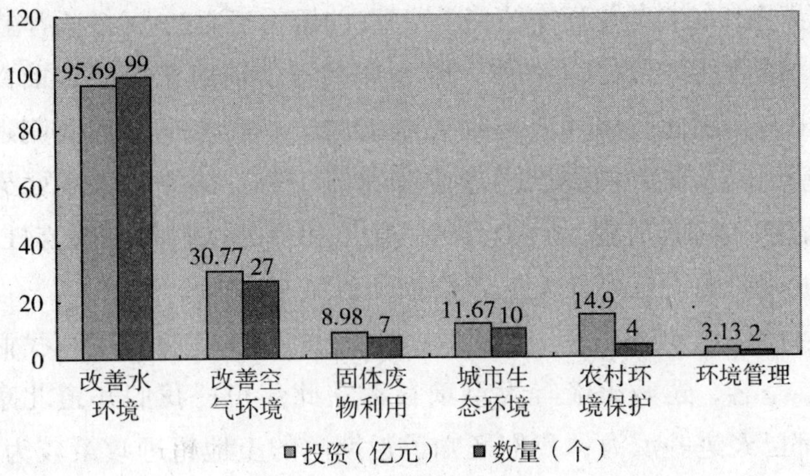


**图 2.2　天津项目投资分布图**

数据来源：天津市发改委网站

**图 2.3　天津滨海新区图**

资料来源：百度百科

位于山东半岛与辽东半岛交汇点的滨海新区一直是天津投资的重点。滨海新区依托京津冀、服务环渤海、辐射东三省、面向东北亚，正努力建成我国北方对外开放的门户、高水平的现代制造业和研发基地以及北方国际航运中心和物流中心。滨海新区现已聚集了电子信息、机械制造、生物医药、化工和食品饮料等主要支柱产业，其中最重要的支柱产业是电子信息和机械制造产业。

可能你想知道，说了这么多，这里面有哪些商机呢？我们知道乙烯、空客、运载火箭等大型项目都在此落户；我们知道北京很多企业都已经进驻滨海；我们还知道近期内的土地管理政策较为宽松。只要你留心，天津遍地皆有商机。

**河北**

河北省扩大内需的总计划投资约为5889亿元。其中环保、节能减排工程和企业自主创新、结构调整以及产业转型占据了相当大的比重。与这两方面相比，在农村民生、基础设施建设方面的投入相对较少。另外，在重大项目方面，河北省将加快南水北调配套工程的

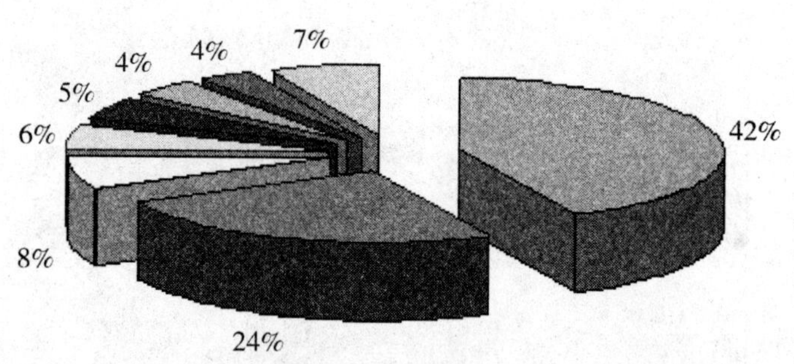


环保生态和节能减排　自主创新、结构调整　廉租住房和棚户区改造
粮食安全　能源、交通基础设施　农村民生
农业基础设施　其他

**图2.4　河北项目投资分布图**

数据来源：河北省发改委网站

建设。对于大部分企业而言，这是一个很好的机遇，企业可以借这一场政府投资的东风加快结构调整和转型。

**内蒙古**

内蒙古自治区计划在2010年前投资1.5万亿元，用于加快水利、生态、民生和大型产业基地等建设，夯实基础，保持经济平稳较快发展，围绕扩大内需和促进经济发展。

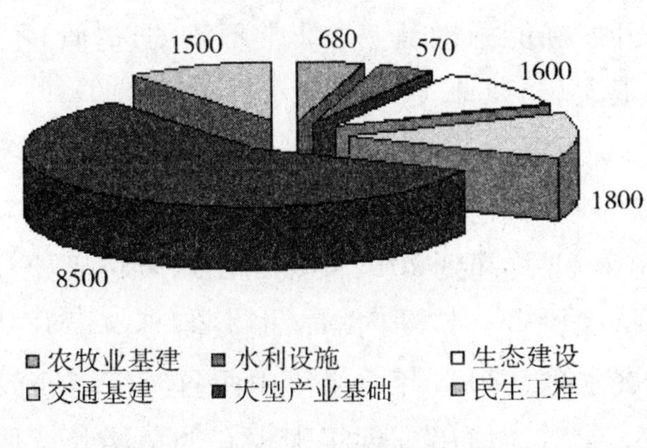


**图2.5 内蒙古项目投资分布图**

数据来源：内蒙古自治区发改委网站

提起内蒙古，如果你仅仅只想到蒙牛、伊利，想起“来自大草原的牛奶”，那估计是广告看多了。其实内蒙古经济这几年发展相当迅猛，GDP增长率稳居全国各省第一，现在已形成以能源、化工、冶金、装备制造、农牧产品加工、高新技术为支柱的六大产业。可以说内蒙古已经成为中国经济发展的“新贵”。

为什么内蒙古这几年发展这么快？这当然得益于强大的矿产资源后盾。我们都知道山西煤多，然而据国土资源部公布的消息说，内蒙古已查明和预查煤炭资源储量超过山西，居全国第一位。这意味着什么？如果你嗅觉足够灵敏，你肯定会发现这里面商机无限。矿产资源是什么？那挖出来就是白花花的银子！挖出来的都是实实在在的硬通货！我们联想一下山西煤老板深不见底的富有，就知道内蒙古矿产丰富的真实含义。所以，作为企业，应该到内蒙古去，因为那里遍地都是黄金；作为个人，应该到内蒙古去，因为那里是资源财富密集度最高的地方。如果就矿产资源开发权而言，你已慢人一步，不要紧，你还可以专门针对未来富有矿主的需求，提供专业化、个性化的高端服务。只要你敢想，一切皆有可能。

另外，内蒙古的太阳能、风能资源非常丰富，再加上国家这几年一直在提自主创新，提开发新能源，政策税收上给予很多优惠，到内蒙古去开发新能源也是一个非常不错的选择，不过就是风险大，当然回报也很大。

**山西**

从2008年11月起到2010年底，山西省将累计总投资超过6500亿元，用于扩大投资，拉动内需，提振信心，提升基础设施和社会事业整体发展水平。2008年下半年山西省经济增速放缓，10月份当月规模以上工业增加值出现近年来少有的负增长，固定资产投资增幅位居中部六省之末。全省中小企业已有近1/10停产或半停产。山西省促进融资、放宽市场准入，鼓励和引导中小企业进入公用事业和基础设施领域，加快企业调产、技改和兼并重组等措施将有助于企业走出困境。

提起山西，人们首先想到的就是煤，除了煤，就是煤老板，别无其他。当浙商、徽商活跃于我国经济舞台大江南北的时候，曾经辉煌无限的晋商却销声匿迹；当市场经济正在诉求“义信至上”时，听到的却是山西煤老板一掷千金、一夜暴富；当央视大戏《乔家大院》热播重播时，我们却只能“在中堂”中去探寻曾经的晋商精神。谁叫山西煤多呢？这难道是山西的“资源诅咒”？这可能就是经济学上的“荷兰病”吧。

的确，新中国成立以来山西作为一个能源大省，其发展主要是靠煤来带动的，传统四大支柱产业：煤炭、焦炭、冶金、电力都是围绕一个“煤”字来建设，四大支柱产业增加值占工业增加值的比重在80%以上——粗放、低端、低效、重化工业比重过大。反过来，轻工业欠缺就是山西经济的一个特点。另外，山西物价水平较高，几乎与北京相当，这又是另一个特点。以上这两个特点，使得山西很多轻工产品、农产品都是从省外运入，本地基本上很少自产。我们认为这就意味着一定的潜在机遇：山西物流业的需求较大；商贸活动具有较大的活动空间；如果本地自产轻工产品，其成本优势将比较明显。

**点评**

应该说华北各省市各有特点：既有我国的经济政治文化中心北京市，也有成吉思汗曾经驰骋过的内蒙古大草原；既有“煤矿之省”山西，还包含了另一个直辖市天津以及拥有广大华北平原的河北。各地的投资既有其相似的地方，也体现出了各自不同的特点。

各地都比较重视交通基础设施建设，应该说在这一点上不仅是华北地区，全国各地都是如此，而交通基础设施建设可以极大地促进相关行业的发展并带动社会投资。有关数据表明，每建设1公里高速公路，可消费钢材500~1500吨、水泥4000~12000吨，平均消费沥青1900吨，2000亿元投资将带动大约8000亿元的投资规模。因此，各地的基础设施投资在整个投资计划中是重中之重。然而各省市也体现出了适应本地区省情的投资特点，比如北京的地铁建设、河北的南水北调配套工程、内蒙古的农牧业基础设施建设等。特别值得一提的是天津市，在本次各地政府出台的扩大内需政策中，天津是比较特殊的一个城市。应该说天津165亿元的计划投资额在全国来说是相当小的，与云南、四川等相比相差百倍，然而天津的投资方向却很独特，仅仅是在环境保护方面。虽然其他的省市在投资计划中也提到过环境问题，但是无一像天津这样是作为最重要（甚至是唯一）的目标提出的。如果天津政府在本次投资中能合理规划、利用好资金，我们有理由相信，天津将迎来更适合生存和发展的环境。

## 三、西北——筑得金丝巢，方有凤凰栖

### 陕西

陕西省扩大内需的措施主要从加大基础设施投入、支持优势重点工业项目、推进民生八大工程等方面入手。陕西省推荐的重点项目近千个，按照进展情况共分为五大类，包括省计划实施的重点项目、省重大前期项目、近期开工项目、拟上报国家的重大项目以及各地市推荐的项目。共1.73万亿的投资中贷款需求达到了8000亿，仅2008、2009两年就需要银行融资2800亿元。笔者分析陕西省项目投资额之大，堪比上一个五年计划投资总额。这也足以显示，借此次国家为拉动内需、促经济发展的政策为机遇，陕西欲大力发展的信心和决心，但是另一方面我们也对全部资金的来源表示出些许的担忧。

西北的发展在陕西，陕西的发展在关中—天水经济区。在西部大开发规划中，国家将在西安、咸阳、宝鸡、天水一线建成西北的经济一体化示范区。重点发展高技术、装备制造工业、航空航天工业、现代农业和特色旅游产业。其中在西安建立的高新技术产业开发区比较引人注目。该高新技术园是五个国家级高新区之一（其他四个分别设在北京、上海、武汉、深圳），科技创新竞争力列于第三，仅次于北京中关村、上海张江。西安高校众多，高新技术人力资源丰富。此外，当地政府大力扶持，投入大量资金，

企业环境比较好。总体而言，西安高新技术产业长期内有很大的发展潜力。

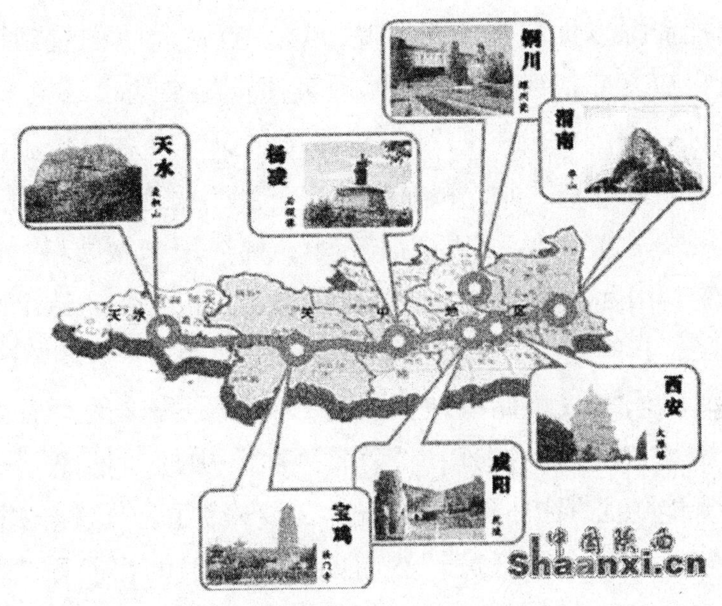


图 2.6　关中—天水经济区

数据来源：百度百科

当然我们考虑到这次金融危机的影响，软件业也在其中。微软拟定 2009 年在中国招聘应届生人数超过百名，实际招了不到 10 人；百度去年招了 100 多名技术人员，今年招了不到 50 个；还有很多软件公司基本上就不招人，曾经发了的 OFFER 都陆续被取消。从其招聘人数上可以看出，经济危机对国内外 IT 业的影响正在显现，就近期来看不宜做投资。但是危机与机遇往往并存，我们可以在危机中准备，寻找 IT 业潜在的增长点，准备经济复苏的那一天。

**新疆**

新疆维吾尔自治区提出从 2010 年起到 2013 年投入上千亿元以改善区内交通，优化公路交通结构和布局的投资计划。这些投资将重点用于境内高速公路网建设、国省道改造和农村公路建设等。

新疆地处祖国西北，这个地区有两个非常重要的特点：民族问题和国家战略地位突出。在新疆，行政手段使用得更多一些，而市场机制调配资源方面略显不足。基于这一点认识我们看到该地区很多政策出台初衷都是很好的，但是政策执行经常遇市场风云而变样。例如“两黑一白”中的“白”——棉花纺织，本意是想用棉花来带动农业，然后再带动工业，将棉花做成一个产业链，棉花用来纺纱织布，棉籽用来做食用油，棉壳用来养殖，棉饼用来做肥料……但是遇到天灾、遇到国际经济不景气、遇到纺织业出口下滑，这个政策执行中就会中断，其问题的关键就在于在市场机制参与资源调节过少。

另外，从国家战略储备地位来看，新疆是我国的大后方，是我国各种能源物资的储备基地，“两黑一白”中的“两黑”——石油化工、煤炭能源必须按照国家安全的需要来调配。这样的征购价格（包括棉花）必然十分低廉，然而国家对新疆的再补贴却并不多，这实际上等于是以新疆地区的资源在补贴全国。

只有在以上两点背景下，我们才能看清新疆发展的真正潜力。

**宁夏、甘肃、青海**

在中央扩大内需4万亿投资和各地投资计划纷纷出台的背景下，宁夏、甘肃、青海等省区也纷纷出台了自己的扩大内需措施，并在后续过程中继续追加投资。但是与其他省市相比，投资数目不大。而投资的主要方向依然和其他省区比较相似，主要包括基础设施建设、民生投入、环境保护、技术创新和产业结构升级等方面。应该说，宁夏、甘肃、青海三个省区在全国的经济地位算不上很高，然而其在全国的地理、资源、战略等地位却尤为突出，并且也一直是国家投资的重点。在本次投资计划中，由于地方财力所限，各省区计划投资额度不大，但是我们可以想象得到，同样的数额花在这些地方将起到比花在经济发达的沿海地区大得多的作用。可以预计，在国家和地方政府投资的推动下，宁夏、甘肃、青海三省区的经济将得到更大的发展，而人民也将得到更大的实惠。

具体对于甘肃而言，为扩大内需，拉动经济增长，甘肃省相关部门计划在2009年投资165亿元改善交通基础设施，除建设一批高速公路外，还将力争新建改建农村公路1.5万公里。作为2008年5月大地震的受灾区之一，甘肃还将加快地震灾区农村交通设施恢复，全面提升灾区人民的生活质量。鉴于甘肃2007年的财政收入尚不足200亿的事实，甘肃政府在本次投资中的力度之大、决心之强可见一斑。由于地理、资源和历史的限制，甘肃的经济发展水平在全国各省市中一直比较低下，而政府的此轮投资则有可能使甘肃的基础设施建设和经济水平提前若干年。

**点评**

相比较而言，西北五省区的经济发展在全国各省市中排名并不靠前，因此各省市出台的投资计划额度不大。然而多少令人有些意外的是，陕西省的计划投资额度高达1.73万亿元，位居全国第四。在西北五省区的投资计划中，除了陕西之外，最该关注的是新疆。新疆作为全国面积最大的一个省份，地广人稀，而且经济总量并不算大，最近几年的财政收入仅在500亿元左右，但是在本次的投资计划中却拿出了近千亿的投资计划，这充分体现了新疆政府欲借本次机遇加快发展的决心，而且我们可以看出，新疆的投资计划几乎全部用于道路的修建，这一点是与新疆的省情相适应的。虽然近年来新疆交通运输业发生了很大的变化，初步形成了铁路、公路、民用航空等运输方式组成的综合运输体系，但和沿海及一些发达地区相比，仍有很大差距，建设和发展的任务还相当繁重。尤其对实施中央提出的西部大开发战略决策还不能适应。新疆交通基础设施目前存在以下几个主要问题：交通基础设施数量少、标准低的局面未得到根本改变；区内外干线运输通路还比较脆弱，运输布局仍不平衡；距离过长、运费过高的局面长期困扰新疆经济社会的发展等。可以看出，加快交通运输业建设对于新疆的经济发展意义非凡，而新疆政府在本次投资中的魄力和选择不仅显示了这个政府的优势，也让我们看到了新疆更美好的明天。

## 四、华中——整阡陌，开交通

### 湖南

湖南省投资方向重点为民生、基础设施、生态环境、自主创新和产业发展领域。一是民生工程，集中在教育、卫生、文化、安居、安全等领域；二是基础设施，集中在交通（包括公路、航运、铁路、机场）、能源、水利、城建、信息等领域；三是生态建设，加快推进污水处理、工业污水治理，重点抓好湘江、环洞庭湖的污染治理，积极推进循环经济建设；四是自主创新和产业发展领域，重点推进国家优质粮食工程，1000 万亩油茶产业丰产、超级杂交稻等项目建设，推进装备制造、钢铁、建材、石油化工、电子信息、生物医药、造纸、卷烟等工业领域项目建设，推进服务业重大项目建设，大力发展文化旅游、引导调控房地产投资。就重大项目而言，湖南省刺激经济的投资计划有两个方向：一个是基础设施建设，主要是 36 条高速公路建设；另一个是环保方面，主要是湘江和环洞庭湖的污染治理。

湖南的高速公路建设一直以来都比较落后，截至 2007 年，湖南的高速公路通车里程只有 1765 公里，只相当于全国第一的河南省的 1/3。2008 年初的冰雪灾害天气，使得整个湖南的交通系统陷入瘫痪状态，给人的印象就是一个“冻僵”的湖南。湖南 2008 年已经开工建设的高速公路共有 18 条，湖南省政府在此基础上又提出 2009

年力争再开工18条的计划。这样，未来几年内湖南的高速公路通车总里程可以达到5000公里，几乎是2007年底的两倍。

湘江是湖南省水系中最大的河流，湘江流域是湖南省经济的主动脉，流域内人口超过4000万人，占全省的60%以上。环洞庭湖地区属于富裕的江汉平原，有较好的工业基础，也是国家重要的商品粮、棉最集中的产区之一，蕴藏着巨大的发展潜力。这里在农耕时代曾是中国最富裕的地区之一，创造了辉煌的农耕文明，有鱼米之乡的美称。“两湖熟，天下足”是对这一辉煌最好的诠释。湘江和环洞庭湖的污染治理对于湖南经济和社会的发展有极其重要的意义，尤其是长株潭获批“两型社会”建设改革试验区后，对生态环境的要求就更高。目前，湘江流域的水质还没有达到生态型社会的标准，还需得到进一步治理，可以很肯定地说这将是一个长期的项目，其将对湖南的经济社会各个方面以及人们的日常生活起到相当大的影响作用。

**江西**

江西省促进经济平稳发展的一系列措施，涉及民生工程、基础设施建设、提升企业竞争力、产业招商、扩大消费和稳定就业等各个领域。

**表2.2 江西省计划投资方向**

| 投资方向 | 项目描述 |
| --- | --- |
| 保障性安居工程 | 廉租住房总投资近35亿元；经济适用住房近24亿元 |
| 农村民生建设 | 农村初中校舍改造项目，总投资1.8亿元；投资3.7亿元续建县、乡卫生服务机构设施；投资8600万元建设基层计生服务体系项目；续建107个乡镇综合文化站，总投资9300万元 |
| 农林基础设施 | 投资近11.58亿元 |
| 节能减排和生态建设 | 投资近96亿元 |

续表

| 投资方向 | 项目描述 |
| --- | --- |
| 交通基础设施 | 集中投资约1350亿元，加快铁路、高速公路、水运和机场项目建设 |

数据来源：江西省发改委网站

可以说江西的地理位置得天独厚，在土地、劳动力和电力等生产要素成本方面有自身的优势，但是整个江西的经济发展并不突出，整个省份的经济结构并不合理。因此，如何调整经济结构，促进产业升级就成为了江西省发展的重要问题。与中部其他省份相比，江西具有一个极大的地理优势就是毗邻广东、浙江、福建等沿海经济发达省份，这无疑为江西的经济发展提供了有利的条件。因此，对于江西来说，如何吸引沿海和港澳台地区的投资成为了经济发展中的重要问题。而且，江西还可以利用其本身的地理优势，将沿海地区的产业转移到省内来，从而优化本省经济结构，促进经济增长。在当前沿海地区的企业纷纷寻求转型的条件下，这对江西来说无疑是一个机遇。而且对于各方投资者来说，也是一个重要的信息，江西，很有可能成为全国下一个经济迅速增长点。抓住这次扩大内需的投资机遇，江西省的老百姓有可能在迈向小康社会的道路上再前进一大步。

**河南**

2008年11月14日，河南省发改委发布为全面贯彻落实《党中央、国务院转发〈国家发展和改革委员会关于当前进一步扩大内需促进经济增长的十项措施〉的通知》精神，扩内需、保增长，经初步研究，从2008年11月份起至2009年底，河南省拟投资1.2万亿元，进一步加快项目建设，保持经济平稳较快发展。

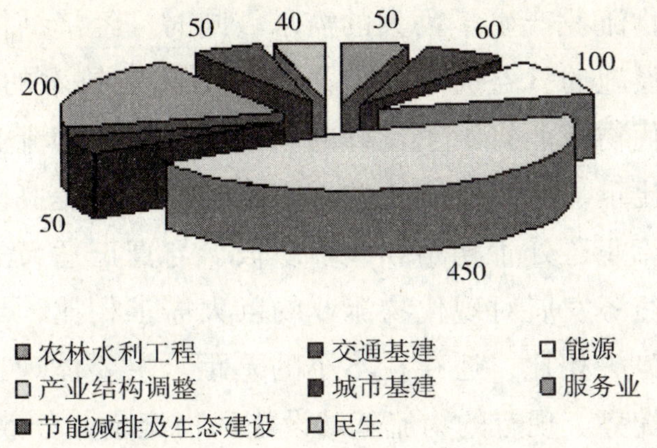


**图 2.7 河南项目投资分布图**

数据来源：河南省发改委网站

2008 年 11、12 两个月累计投入财政性资金 110 亿元左右，加上由此带动的地方和社会资金，预计总投资规模可达 560 亿元，预计后两个月可完成城镇固定资产投资 2000 亿元以上。2009 年重点实施"8511 投资促进计划"，即在农林水利、交通、能源、城镇建设、自主创新、产业升级、节能减排、社会事业等八大领域，新开工建设 500 个以上亿元以上的重大项目，带动全社会新开工项目总投资规模超过 1 万亿元，力争 2009 年全省完成城镇固定资产投资超过 1 万亿元。

河南是我国人口最多的省份，也是高速公路里程最长的省份，这对于河南的发展来说是得天独厚的资源。在河南的经济发展规划中，物流成了一个重要的名词，而对于企业来说，这更是一个投资的好机会，对于大学毕业生而言，也是一个就业的好去处。

我们先来看看什么是物流。现代物流是指原材料、产成品从起点至终点及相关信息有效流动的全过程，它将运输、仓储、装卸、加工、整理、配送、信息等方面有机结合，是推动 21 世纪经济发展的重要产业和完整的供应链，能为用户提供多功能、一体化的综合性服务。现代物流被称作促进经济增长的利润源。

21 世纪以来，河南省经济的持续快速发展和整体规模的扩大，对发展现代物流业产生了巨大的需求。同时，经济结构的不断调整优化，基础设施的日益完善，信息技术等高新技术的迅速发展等，也为发展现代物流业打下了良好的基础。河南省物流业在整个国民经济中占的比重、对经济增长的贡献率都在不断提高。但是，河南省的现代物流业还处于初始和起步阶段，与真正意义上的现代物流业相比，与经济发展对现代物流业的巨大需求相比，与沿海及周边省份的发展势头相比，还存在不小的差距。主要体现在：首先，尚未形成整合优势。现有的物流基础设施和物流企业分散于各个部门，各自为战，条块分割，缺乏有效的整合，尚未形成发展和提升现代物流的合力。其次，社会化程度低，缺少真正意义上的第三方现代物流企业。最后，管理落后，人才欠缺。这些都严重制约了河南省现代物流业的发展。

对于河南省的经济发展来说，物流业存在的问题是挑战，但是对于企业和人才来说，体现得更多的是机遇。中央和地方政府均加大投资力度，河南省政府更是高度重视物流业的发展，对于准备投资河南、进军物流的企业和人才而言，这不能不说是一个好消息。因此我们可以说，4 万亿下的河南，将是物流业蓬勃发展的河南。河南是中国的一个缩影，加大投资惠及河南亿万农民，也能从根本上改变中原农村的面貌。

### 湖北

湖北省将增加投资近 600 亿元用于重大基础设施建设，以确保经济保持平稳较快增长。在 2009 年的投资项目中，着重强调了城市基础设施建设和民生工程。主要工程有五项：一是以大中型灌区续建配套与节水改造为重点，加强农田水利基础设施建设；二是以解决农村饮水安全问题为重点，加强直接关系农民生活保障的民生水利工程建设，改善农民生产生活条件；三是以病险水库除险加固为重点，加强防洪减灾基础设施建设，提高防洪减灾能力；四是以骨干水利工程为重点，加快南水北调中线汉江中下游四项治理工程建设步伐，推进汉江流域中下游水利现代化试点工程建设；五是以水土流失治理为重点，加强水生态环境修复和保护，促进经济社会可持续发展。

湖北是一个有着悠久历史的地方，而江城武汉作为一个超级大都市在中部各省更是享有无与伦比的地位。湖北有着“千湖之省”的美誉，武汉也被称作“九省通衢”。然而，对于整个湖北来说，不仅有着广大的江汉平原地区，也有恩施山地、神农架林区，既有着经济比较发达的武汉，也有着为数不少的全国贫困县，经济发展的不均衡和基础设施建设的落后一直限制着湖北经济在全国的地位。即使对于省会城市武汉来说，由于历史的原因，市内基础设施建设也一直无法达到市民满意的地步，即使是近年武汉不断加大对公路建设的投入，公路交通道路状况仍待改善。在本次计划投资中，湖北也是加大对交通基础设施建设的投资，相信在未来的若干年，这依然是政府投资的一个热点。

提到湖北，有一个不得不说的地方就是三峡。三峡工程全称为长江三峡水利枢纽工程，是当今世界上最大的水利枢纽工程。整个工程工期为 18 年，在整个工程建设中，不仅大大增强了武汉船舶公司、武汉钢铁集团公司、葛洲坝集团等一大批在鄂企业的创新能力，还促进了湖北钢结构桥梁、升船机制造等产业的崛起。在三峡工程完工后，更是对湖北经济产生积极重要的作用，并由此引发许多的投资机会。

三峡工程对湖北的一个重要影响是促进了旅游产业做大做强。长江三峡以“雄、奇、险、秀”的自然景观和丰富的人文历史遗迹闻名于世。水库建成后，一批新的景观得以开发，特别是三峡工程雄伟的建筑群为三峡旅游再添胜景，形成以神奇秀美的高峡平湖、雄伟壮观的现代工程、源远流长的峡江文化、古朴浓郁的民俗风情、开拓奉献的移民文化和世界第一水电城为主要特色的国内外著名旅游景区。因此可以预料，在三峡工程完成的未来几年里，旅游业将对湖北经济产生较大的推动作用，而与之配套的工程建设更是会成为投资的重点，湖北的百姓生活定能上一个新台阶。

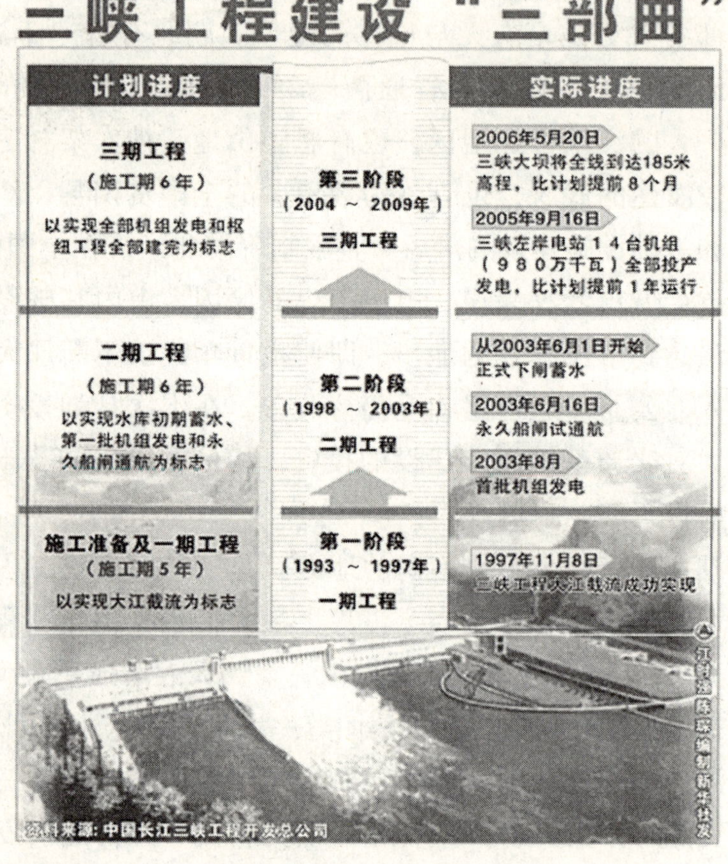


图 2.8　三峡工程建设“三部曲”

资料来源：百度图片

**点评**

华中地区作为全国的地理中心，在历史上甚至曾经被直接称为中国。广大中原地区地势平坦，农业发达，曾经一度成为中国的象征和核心。但是在新中国成立的半个多世纪里，华中地区的经济发展多少显得有些滞后。在20世纪末，从国家政策上讲，东边是加快沿海地区经济发展，西边是西部大开发，北边是东北老工业基地，政策多少有点倾斜，中部六省（除了这里四省，还包括安徽、陕西）适时提出了中部崛起的目标，这些年来，中部地区的经济发展的确是加快了很多，但是还远没有达到崛起的地步。

在这次中央4万亿扩大内需政策的指引下，中部各省也积极出台了自己的政策，纷纷希望借这次机遇加快本省经济的发展。河南省作为全国人口最多的省份在本次提出了超过万亿的投资计划，投资涉及农林水利、交通、能源、城镇建设、自主创新等经济社会各个领域；作为毛主席故乡的湖南主要投资在两个方向，一是公路建设，二是环保建设；而湖北则主要强调的是民生方面，对农村问题给予了极大的重视，这一方面是因为在湖北各个城市二元结构还比较明显，另一方面在江城武汉水利工程处于极其重要的战略地位；同样，江西的投资计划也涉及经济社会的各个方面。应该说中部四省的投资计划比较平均（湖北的初始投资计划从数目上来看显得较少），而且项目也和百姓的生活息息相关，如果这些项目都能落到实处，我们相信整个中部的经济发展必能得到新的腾飞。

## 五、华东——春风又绿

### 江苏

江苏省委提出采取10项措施，启动3000亿元政府主导性投资项目来扩大需求，并保持经济的增长。促进发展的10项措施主要包括三个方面：一是增加省级财政的支持引导力度。二是发挥政府性投资主导作用，加快实施一批重大项目。三是吸引和带动社会投资，形成新的建设高潮。在具体的重大项目上包括京沪高速铁路、沪宁城际铁路、泰州大桥、连云港建设等。这些项目的建设不仅会给居民生活带来极大的便利，更重要的是会带动内需，对各个行业尤其是钢铁业和建筑业起到巨大的推动作用。

表 2.3　江苏计划投资表

单位：元

| 年　份 | 政府投资 | 带动社会投资 |
| --- | --- | --- |
| 2008 | 100 亿 | — |
| 2009 | 3000 亿 | 1.2 万亿 |
| 2010 | 6500 亿 | 2.5 万亿 |

数据来源：江苏省发改委网站

江苏一向是我国的经济大省，近几年来引资总量一直居于全国第一，2007 年 GDP 总量全国排名第三。然而江苏的经济支柱和沿海其他省市并无太大区别，都是以出口为导向的加工制造业：技术含量低、生命周期短、产业价值链低端、抗风险能力极弱。这次金融危机一来，一大批这类加工企业倒闭了，这样的经济发展模式必须转型。当然江苏的产业也可以转移，江苏的加工制造业产业如果转移，最可能往哪里转？我们的看法是苏北。

江苏由于地理历史原因，总体上分为两大地区：苏南和苏北。苏南属吴越文化，苏北属北方文化，这两个地区经济发展极不平衡，苏南很发达，主要是加工制造业；而苏北却颇为穷困，更多是农业。虽然两区由一江隔开（一说长江，一说淮河），平时对彼此还颇有些微词，但毕竟同属一个省，政府产业政策的引导会给予苏北更多的优惠，这次金融危机过去之后，苏南产业转移到苏北也合情合理。

如果以上分析还算合理的话，那么苏北经济将来肯定会有很大的发展，那么潜在机遇就有了。如何来抓住这些机遇？看苏南！看苏南的发展历史！看苏南经济发展的产业梯度及其辐射影响。

## 浙江

作为经济大省，浙江省计划投资3500亿元刺激经济，主要用于沿海铁路的建设以及钱塘江中上游航运的开发项目。而根据浙江省预测，通过2009、2010两年全省政府投资的这些项目可以带动社会投资1万亿元。在重大项目方面，浙江省主要投资在交通基础设施建设和水利建设方面。

**表2.4 浙江投资项目表**

| 投资方向 | 项目描述 |
| --- | --- |
| 交通基础设施建设 | 投资总规模达到2818亿元。其中，涉及高速公路项目28个，新增里程1234公里，总投资1573亿元。公路包括：嘉绍通道、绍诸高速公路、杭长高速公路二期杭州至安吉段、云景高速公路、宁波象山港大桥及接线工程、湖嘉申线嘉兴段一期航道、双屿潘桥物流园区双屿区片二期工程和已具备条件的7个国省道等项目 |
| 水利建设 | 2009年水利建设的投入将达230亿元，5年内将达1100亿元，主要为“强塘工程” |

资料来源：浙江省发改委网站

浙江是中国改革开放30年的一个显著成果。浙江的成就就是中国民营经济的成就，2006年民营经济占浙江省GDP的将近2/3。的确，民营经济已经成为浙江经济发展的一大引擎。从“炒房团”到“炒煤团”，从“炒油团”再到“炒车团”，民营经济以其对市场反应灵敏、企业转型速度快的特点，活跃于中国经济的各个角落。

“在中国的民间资本投资中，温州资本无疑具有风向标的作用。”资本对利润的嗅觉是最灵敏的，我们要看未来哪些行业有潜在利润空间，不妨紧盯温州资本的走向。前不久温州资本已瞄向创业投资，如果结合我们现在的经济衰退形势，国家鼓励创业、刺激经济走出低谷，那么市场中潜在的投资机会肯定不少，只是需要等待一定的时机。那么温州资本凭着其丰富的市场经验，在复苏时肯定又能大赚一笔。

**上海**

作为全国排名前列的经济发达城市，上海市本次提出了5000亿元的投资计划，以解决经济增长中的各个问题，力争实现“确保上海经济平稳较快发展、确保民生持续得到改善”两大目标。为此，上海总共提出了八大措施，其中轨道交通、世博会筹备成为重中之重。

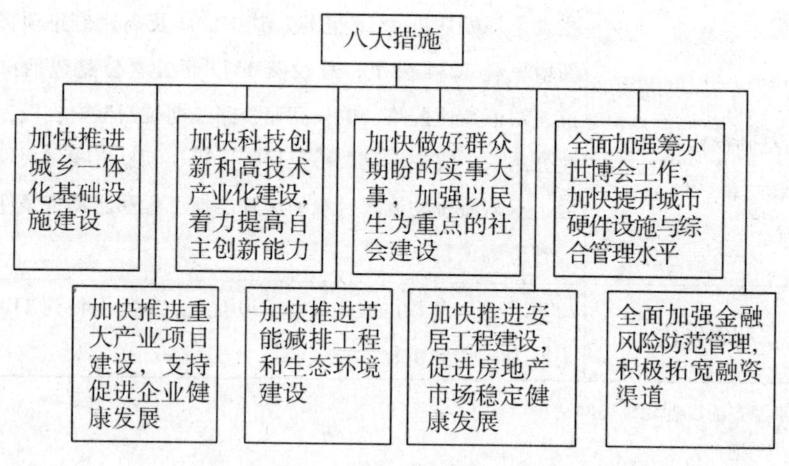


**图 2.9　上海扩大内需八大措施**

资料来源：上海市发改委网站

上海市人均GDP居全国之首，这次大投资对上海人民而言或许直接增加的收入不会太大，但是社会福利水平必将大幅度提高，这也是其他地方百姓羡慕的地方。

**安徽**

作为中部六省之一的安徽在本书中被划为华东地区多少有点勉

强。虽然安徽省的经济实力比起江苏、浙江、上海等省市要逊色不少，但是在本次安徽省也拿出了3890亿元的投资计划。投资主要用于基础设施建设，包括铁路、公路和桥梁建设项目。计划建设的铁路项目达20多个，投资额度约2000亿元，建成后将为安徽铁路里程增长近3000公里。而高速公路建设、国省干线公路、农村公路和水运建设，投资总额为1890亿元，其中包含19个高速公路建设项目，估算总投资近600亿元，这将为安徽省高速公路又增添1000多公里。

安徽省年内计划开工建设项目中有四条高速公路：郑楼至郭楼高速、芜湖至雁翅高速、蚌埠至淮南高速、黄山至祁门高速。计划2009年开工的高速公路项目有阜阳至新蔡公路、宁宣杭高速公路宣城至宁国段、泗洪至许昌公路淮北段，以及合肥新桥国际机场快速通道等10个项目；2010年，计划新建岳西至武汉高速公路安徽段、滁州至马鞍山高速公路等；未来三年内，安徽省计划开建马鞍山长江公路大桥等六座长江大桥，安庆长江铁路大桥预计年内可开工。南京至安庆城际铁路项目年内动工基本已成定局；合肥至蚌埠客运专线力争年内开工。在安徽省计划上报的铁路储备项目表中，列入2010年计划开工的有合肥至福州高速铁路、华东二通道的商丘—阜阳—合肥—芜湖—杭州客运专线、郑州至徐州客运专线安徽段、安庆至九江铁路、安庆至景德镇铁路、六安—庐江—铜陵—黄山—金华铁路。

近年提到安徽，跳入人们脑海的除了“五岳归来不看山，黄山归来不看岳”的黄山奇景外，应该就是奇瑞了。奇瑞汽车股份有限公司注册成立于1997年，1999年第一辆奇瑞轿车下线，2007年奇瑞公司第100万辆汽车下线，标志着奇瑞已经实现了通过自主创新打造自主品牌的阶段目标。奇瑞作为安徽汽车业的代表对安徽的经济增长起到了极大的推动作用，而本次安徽省大规模、大手笔的公路投资计划必将反过来对奇瑞的发展起到促进作用。因此，与奇瑞相关的企业和百姓将可能从这次安徽政府投资中获得间接的收益。

## 山东

山东省扩大内需的总投资约8000亿元，涉及八大重点行业的240个项目。涵盖农林水利、交通建设、能源、现代制造业和高新技术、服务业和社会事业、节能环保、城市基建等领域。

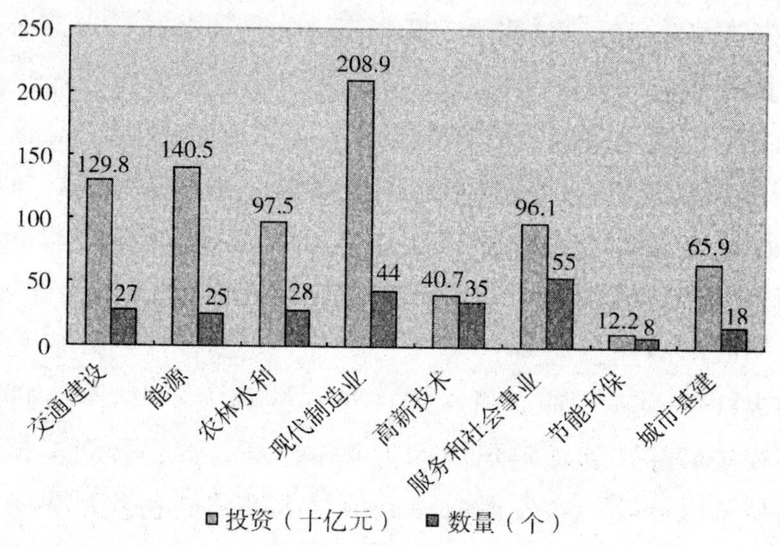


**图2.10　山东项目投资分布图**

数据来源：山东省发改委网站

随着《闯关东》热播大江南北，我们看到了山东人走南闯北的气魄，齐鲁之地不仅仅只有孔孟之乡的礼仪文化，还有血性男儿的坚毅刚强。近几年来，山东经济发展相当迅猛，2007年山东省GDP全国排名第二。山东经济发展迅猛主要有如下几点优势：首先，山东矿产资源丰富，拥有高储量的煤炭、石油资源；其次，山东有便捷的水陆交通，电力、高速公路等基础设施方面没有瓶颈，海岸线资源比长三角、珠三角好得多；最后，山东接近日韩，正好承接日韩制造业转移。有句话叫做："八十年代看广东，九十年代看浦东，二十一世纪则看山东。"

经济发展越快，什么东西会升值越快——房地产。如果你已经错过投资山东各个行业的有利时机，不妨关注一下山东的房地产。青岛、烟台、威海、日照、荣成、龙口、蓬莱这些都是海滨城市，非常适合居住养老。再者，随着火车提速，动车组开通，山东到北京已经是相当方便；最后，这些地方现在房价都不是很高，但随着经济发展，这些地方的房价肯定会飙涨。因此，如果你有些闲钱，不妨买两栋房子放在那里，一方面可以当作投资，另一方面也可以当作休闲度假的另一个好去处。

**福建**

福建省作为内陆离台湾省最近的省份，其发展建设多少受到了国家战略的影响。在本次投资中福建省政府表示，到2010年福建将投入省级以上财政性资金700亿元以上，省重点项目完成投资3400亿元以上。结合自身实际，福建共出台了10条具体措施。在所有的重大项目中福清核电工程占据了重要的地位，预计该项目也将为当地带来可观的经济效益，创造1万多个就业岗位，拉动当地经济近4000亿元。

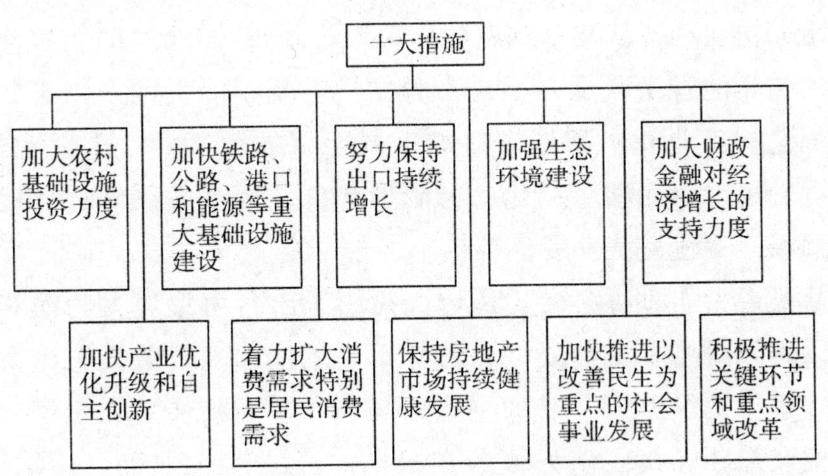


**图2.11 福建扩大内需十大措施**

资料来源：福建省发改委网站

我们可以看到，在福建的投资计划中，一个重要的投向是福清核电站。福建省作为连接“长三角”和“珠三角”的纽带，是海峡西岸经济区中心，经济发展较快，电力需求强劲，对发展核电的期盼由来已久。建成后的福建福清核电站将极大地缓解当地电力需求，将为海峡西岸经济发展增添新的动力，更好地满足福建和华东地区电力和环保的需求，为福建省和华东地区能源结构调整及经济发展作出新的更大贡献。核电项目投产后，将带动当地第二、三产业的发展，预期核电、风电等能源产业将成为福州市的又一大工业产业，其所属的福清市也将成为海峡西岸重要的环保清洁、多电型的新兴能源基地。

如果我们打开中国地图，看看沿海各省，我们会发现相互毗邻的广东与福建，其经济发展状况却是相差甚远。为何福建经济发展要稍微逊色一些？在我们探寻福建独特性的时候发现了两个重要特点：地缘政治因素与地形经济因素。

福建其实比广东还要先发展，但是在其发展中，国家出于台海形势的考虑，对福建的发展是有所限制的，基础设施建设投入力度是有所保留的。另外，福建地理上属于东南丘陵地带，小土坡很多，交通十分不便利，从北京到厦门坐火车都要 30 多个小时，这使得福建与内陆其他省份联系并不是十分便捷。基于以上两个因素，我们看到福建的工业基本都是进口加工复出口的轻工业，重工业很少。因此我们可以得到两个结论：台海形势好，福建发展好；连接内陆交通顺畅，福建经济发展也顺畅。

从最近大陆海协会会长访台，我们看出台海形势大为缓和，未来一段时间内将呈良性发展；另外，福建正加大基础设施建设，正规化建成“两纵四横”交通网络，与内陆联系将会更加紧密。基于以上两点判断，我们认为福建在未来的经济发展中将会非常迅猛。考虑到福建还是我国最大的侨乡大省，这带来的潜在投资机会将难以估计。

**点评**

应该说，华东大部分都是靠海（安徽除外）并且经济比较发达的地区，在本次政府扩大内需的投资计划中，各省亦是鼓足干劲，纷纷出台政策加大投资以促进本地经济增长。可以看到华东三省一市的计划投资额度比较接近，都在3000亿~5000亿元，对于这些地区来说是比较合适的投资额度。同样的，华东各地的投资也主要集中在交通基础设施建设方面，如修铁路、公路、机场、桥梁等，其中上海还特别强调了世博会的相关建设项目，并且各省市都强调了在省级财政的主导下积极利用好社会投资，应该说这个方向是正确的。

在本次金融风暴中我们可以看到，江浙一带的小企业受害相当严重，众多企业纷纷减产、停产、破产。而政府的投资策略却没有明显地向它们倾斜，依然集中在大型企业方面，当然政府扩大内需的措施多少会缓解一些中小企业销货的压力，但是作用可能不会太大。因此，对于江浙一带的中小企业而言，在当地政府的投资计划中未必能有较大的斩获，它们离温暖的春天还时日尚远。对于它们来说，可走的路数第一是坚持和等待，利用国家已有的出口优惠政策，等待国家出台其他优惠政策，谁撑过了这个冬天谁就是胜利者；第二是加大自主技术创新力度，培养企业核心竞争力，开辟新的市场；第三则是联合起来积极寻求地方政府的政策支持。

## 六、华南——“杀出一条血路”

**广东**

经济总量作为全国翘楚的广东省在本次也抛出了2.37万亿元的投资计划，在全国所有省市的计划投资中居于第三位，按照可行性分析甚至可以排名第一（具体分析可以参见本书其他章节）。广东省共安排了10项工程近200个项目，主要投向三大方面。

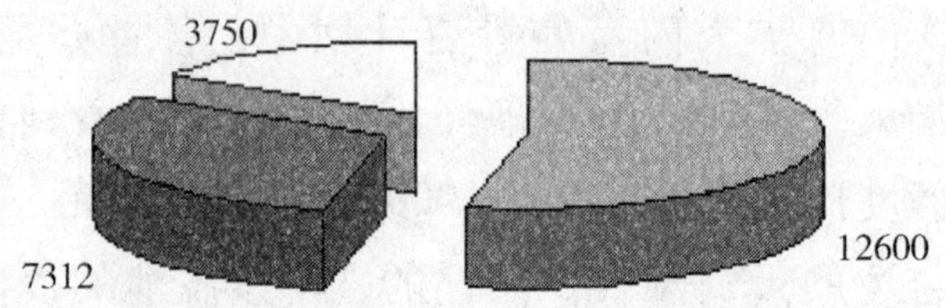


■ 现代化综合交通运输体系和能源资源保障体系
■ 加大自主创新投资力度
□ 公共基础设施、新农村建设、城市建设、社会事业、生态环保

**图 2.12　广东投资分布图**

数据来源：广东省发改委网站

广东是我国改革开放的先行者，其30年来取得的成就有目共睹。例如，广东东莞从一个小镇发展成为国内外闻名的加工制造业基地。但是这次金融危机一来，东莞大批加工制造业倒闭、老板携款潜逃、大量的工人失业……无论是政府还是学界都有一个共识：东莞模式就是我国低端、粗放出口制造业的缩影，即技术含量低、生命周期短、产业价值链低端、抗风险能力极弱。我国经济发展必须转型，我国产业结构必须升级。但是怎么升级？从大亚湾到珠江口，从珠海西区到湛江东海岛，出现的这一个个重化工业的“巨无霸”告诉我们：广东产业升级的方向是重化工业。

你可能认为，这些重化工业都是些资本密集型的产业，如果你资本不雄厚，基本上与你无关。果真如此吗？在我们看来当然不是。即使是重化工业也是需要人的，它所需要的都是些技术工人，而不是出卖简单劳动力的农民工。但是如果考虑到我国中专教育、技术高中教育极其落后（在“国家篇”中，我们提到过中国的职业技术教育落后的问题），这方面的人才供应是非常稀缺的。这有些什么潜在的机会呢？我们再看看近期来，大批农民工返乡，国家密切关注，积极倡导加大农民工技术培训服务。因此，我们认为“培训农民工”是个市场前景很看好的项目。当然，现在进入这块市场不是最好的时机，因为严冬才刚刚开始，现在最好的策略就是等待、准备；再等待、再准备。

### 海南

在本轮投资中，海南省为扩大内需共计划投资2070亿元，其中2009年计划投资480亿元，2010年计划投资690亿元，2011年计划投资900亿元。这些项目将集中投资在农业、新型工业、旅游地产、高新技术、基础设施、社会民生六个方面。

**表2.5 海南投资分布表**

| 投资方向 | 项目描述 |
|---|---|
| 农业 | 新开工红岭水库、天角潭水库、南繁育种基地、橡胶、冷库 |
| 新型工业 | 洋浦天然气加工、100万吨烯烃、10万吨燃料乙醇、福耀玻璃二期、橡胶深加工 |
| 旅游地产 | 航天主题公园、琼海市博鳌二期、海口会展中心 |
| 高新技术 | 文昌市的火箭发射场、三亚创意新城、海南（澄迈）生态软件园、海洋生物工程 |
| 基础设施 | 博鳌机场、海口至屯昌高速公路、保亭至三亚高速公路、西环铁路改造及儋州至洋浦铁路支线、洋浦跨海大桥等项目，加快推进琼州海峡跨海通道工程前期工作 |
| 社会民生 | 海南大学“211工程”、省人民医院综合楼、三亚市人民医院扩建、省体育中心、廉租房、经济适用房等项目建设，新开工海口、三亚等城中村改造和农垦、林区棚户区改造 |

资料来源：海南省发改委网站

位于我国最南面的海南是我国唯一的热带海岛省份，森林覆盖率达到50%，旅游对全省的经济起到了相当大的拉动作用。可以看出旅游地产在本次地方政府计划投资中也占据了相当重要的地位，预计随着各方投资的到位和人们生活的不断富足，百姓对海南旅游的需求将不断增加，从而旅游对海南经济增长的拉动作用将持续强劲。

**广西**

广西省政府计划的投资总额约778亿元。计划投资项目主要分布在基础设施建设、生态环境工程、保障性安居工程、农村基础设施、文教卫生、自主创新与结构调整六大类，其中投资总额最大的是基础设施类。

广西的发展前景如何？这个地方潜在的投资机会如何？我们的结论只有一句话：广西是个很有发展前景的地方。

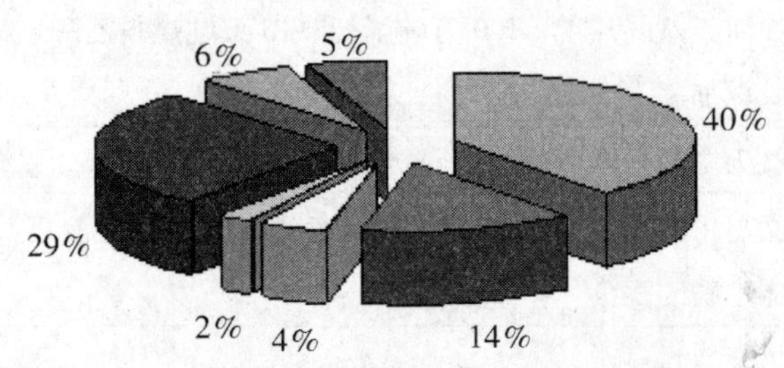


**图2.13　广西投资分布图**

数据来源：广西省发改委网站

首先是环北部湾。在西部大开发规划中，国家提出建立环北部湾经济区的用意，我们认为有两点：其一，建立一个经济带，带动华南、西南经济发展；其二，俯视东南亚，促进与东南亚各国的贸易往来，积极影响东盟。基于这两点认识，未来国家对环北部湾的基建投入肯定不会少。既然有基建投入，那么就会拉动当地其他行业发展。

其次是两广融合。南宁到广州的铁路2008 年开工，预计到2013年完工，这条铁路的建成将使得从广州到南宁仅需要3 个小时的时间。这就为两广融合铺平了道路。广东原来的加工制造业将会内迁，很可能大部分就落户广西。这时候你该怎么办？你自己看着办。

最后是农副产品加工。广西国际农产品物流中心前期工作已完成，2012 年将建成西南地区规模最大的农产品物流中心。这将使得农副加工产品物流成本降低，直接出口销往东盟，同时广西本地农产品资源丰富。这些条件使得农副产品加工业具有很大的优势。

**点评**

在华南四省区中既包括了经济发达的广东，也包括了处于中等地位的福建和海南，以及相对正在努力发展中的广西，可以说华南地区的省份经济各有特色，而投资也各有侧重点。华南地区一个比较突出的特点是交通不便，如福建、广西多山，而海南则与整个大陆整体相隔一片海，而交通的便利是经济发展的前提。广东、福建等省份由于靠海而拥有比较好的外贸条件，但是陆地交通的不便限制了与广大内陆地区的交流。因此，在此次投资计划中，各省都极力强调交通基础设施建设的重要性，如广东的珠三角轨道交通、广州深圳地铁、武广客运专线等，海南的博鳌机场、海口至屯昌高速公路、保亭至三亚高速公路、西环铁路改造及儋州至洋浦铁路支线、洋浦跨海大桥等，而福建和广西亦无不强调加快铁路、公路、港口和能源等重大基础设施建设，各省市对交通基础设施建设的重视可见一斑，而当各地的交通运输更加顺畅以后，必将迅速促进本地经济增长。

## 七、西南——西部开发的“桥头堡”

### 四川

四川省总共提出将采取11项有力措施，进一步扩大内需，保持全省经济平稳较快发展。2008年力争完成投资7900亿元左右，其中政府性资金在年初预算基础上增加安排800亿元左右；2009年力争完成投资12000亿元左右；力争到2010年累计完成投资3万亿元以上，其中政府性资金拟安排8000亿元左右。这11项措施包括：加快灾后恢复重建各项工作；加快铁路、公路和机场等重大基础设施建设；加快农业基础设施建设；加快自主创新和产业结构调整；加快节能减排和生态环境工程建设；加快恢复发展服务业；加快重大民生工程建设；提高居民收入特别是农民和城乡低收入群体收入；加强财政金融工作；深入实施开放合作；抓紧推进关键环节和重点领域的改革。对于四川来说，灾后重建是不同于其他各省市投资的一个重要方面。

表2.6　四川灾后重建投资规划表

| 投资方向 | 完成情况 |
|---|---|
| 住房重建 | 正在重建农村住房68.5万户，占需重建总数的52.6%；已竣工农村住房19.5万户，占需重建总数的15.5%。已完成维修加固194万户，占需维修加固总数的87.8%；在建城镇永久性住房3.9万套（户），已加固9.2万套（户） |
| 设施重建 | 积极推进学校、医院等公共服务设施和公路、水利等基础设施恢复重建项目，有4580多个重建项目已开工建设。其中，灾后恢复重建学校已竣工和在建的1363所，占需恢复重建总数的40.8%；医疗卫生机构已有340个在建；广陕高速、国道317线等14个交通项目建设也已经启动 |

续表

| 投资方向 | 完成情况 |
| --- | --- |
| 产业重建 | 因灾受损的4812个规模以上工业企业，目前96.4%已基本恢复生产；94%以上的商贸流通和服务业网点恢复营业；重振旅游工程已经初见成效 |
| 城镇重建 | 一批市政公用设施项目已经先期启动；对25个需要异地新建的镇乡开展选址工作；汶川、青川县城以及映秀、汉旺两镇已完成初期规划 |
| 生态重建 | 正组织专家开展岷江及嘉陵江流域林地植被损失评估，力争尽快完成岷江流域、嘉陵江流域生态修复规划工程编制、大熊猫栖息地恢复重建规划和大熊猫走廊带建设规划编制，并组织有效实施 |

资料来源：四川省发改委网站

成渝经济区是国家西部大开发“十一五”规划重点建设的三大经济区之一，其未来定位是“成为带动和支撑西部大开发的战略高地”。我们可以设想，未来西南经济发展的中心在哪里——在成渝！

要建成渝，先破交通！说白了就是要修路，修公路，修铁路。政府这一轮经济刺激政策主要也是要修路。政府怎么修，难以控制。但是其对经济社会的影响我们却不难预见，实时关注政府规划，我们才能采取相应措施。作为企业，及早建立整合各种资源，争取多接几个项目；作为商家，不妨思考路修好后，会带动哪些需求，事先准备好店面铺子。一句话，看得远一点，行动快一点，才能过得好一点。

成渝经济区建成后，哪些行业是“潜力股”？我们不妨看看成渝经济区的定位：“五个基地、一个屏障”，即国家的能源基地，重型装备制造业基地，国防科技工业战略后方基地，高新技术产业基地，农牧业产品生产和深加工基地以及长江上游和三峡库区的生态屏障。我们不妨以高新技术产业基地来分析，如果这样一个基地建成，将会出现什么景象？很可能就是另一个“中关村”的翻版。这样一个基地很可能建在若干理工类大学中间，很多中小软件公司将会冒出来，对软件、硬件人才的需求量剧增。这时你可以做什么？如果你有技术，你可以去创业；如果你有资金，你可以雇别人来给你创业；如果你怕创业的风险，你可以去买房地产等着升值；如果你吃苦耐劳，你可以去卖电脑……一句话，如果这样一个基地建成，你就看看中关村产业链上哪个环节适合你，然后奋不顾身地冲进去就可以了。

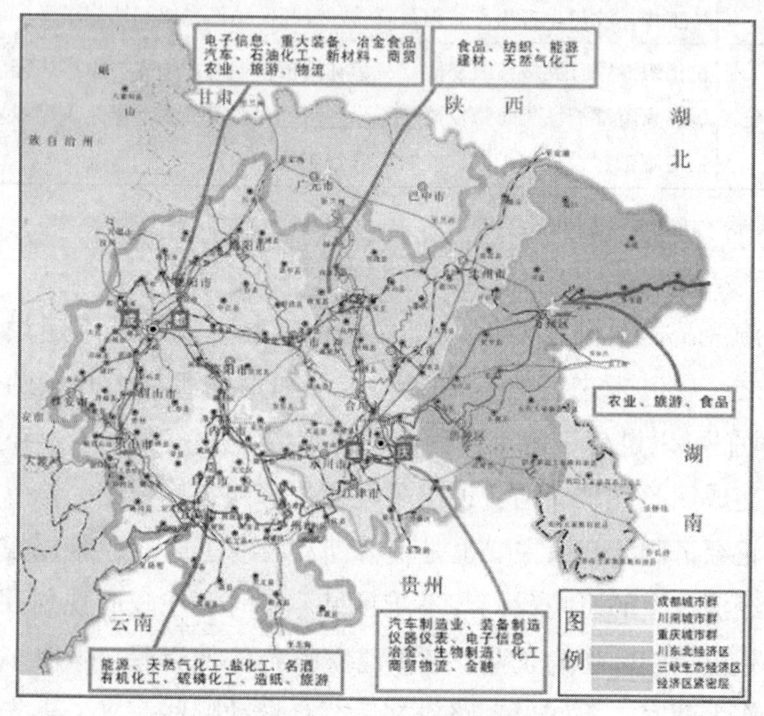


**图 2.14　成渝经济区图**

资料来源：百度百科

## 重庆

重庆曾经是古代巴国首都，抗日战争期间是国民政府的陪都，素有“三都之地”的称号。自 1997 年重庆提升为直辖市以来，重庆已成为我国的特大城市之一，成为西南地区和长江上游最大的经济中心城市，重要的交通枢纽和内河口岸，拥有较为雄厚的经济和科教实力，在我国中西部经济发展中具有十分重要的战略地位和作用。

重庆计划2008年完成4000亿元投资，2009年实现总投资5000亿元，2010年实现投资6000亿元，三年共实现15000亿元投资。图2.15和图2.16是重庆投资的主要方向以及资金来源图。

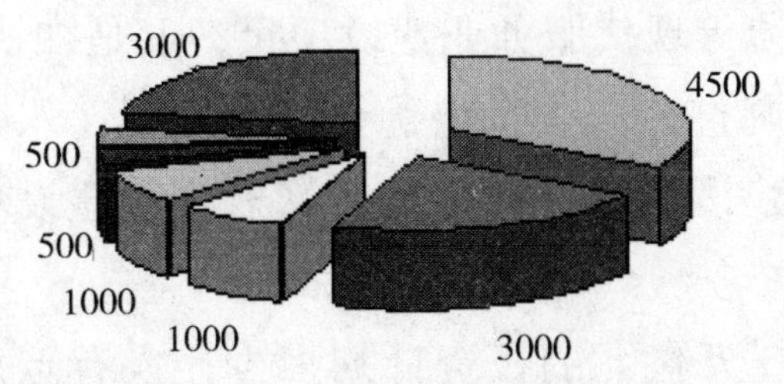


**图2.15 重庆投资主要方向图**

数据来源：重庆市发改委网站

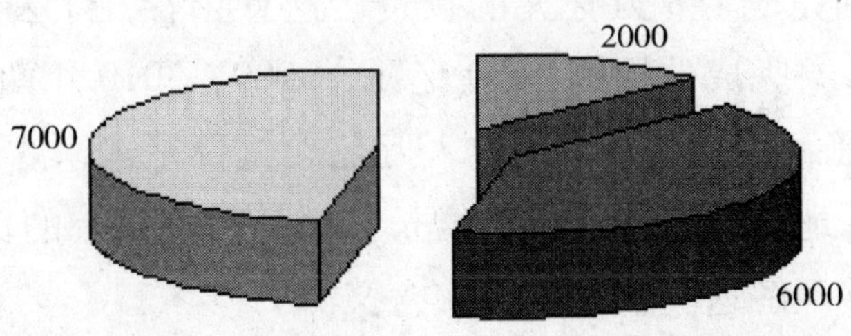


**图2.16 重庆投资资金来源图**

数据来源：重庆市发改委网站

## 云南

未来两年，云南省的投资将主要集中在10个方面：一是交通基础设施的在建、新建和改扩建项目；二是农业农村建设发展项目；

三是教育、卫生、文化等社会发展项目；四是城市电网改造、污水垃圾处理等基础设施和以保障安居工程为重点的房地产建设项目；五是以滇池为重点的九大高原湖泊治理和重点流域水污染防治、重点防护林和天然林保护、循环经济、节能减排等工程建设项目；六是旅游文化、物流等现代服务业建设项目；七是加快企业自主创新、技术进步和结构调整，加快特色优势产业发展；八是粮油仓储、各类商品交易市场建设项目；九是灾后恢复重建建设项目；十是改善民生项目。

云南省提出 3 万亿元的投资计划多少让人有点意外。考虑到云南 2007 年财政收入才 500 亿元左右，着实为其投资计划的顺利实施捏一把汗。一方面担心巨大的投资资金没有办法落实；另一方面担心资金的有效利用问题。需要强调的一点是，云南省的计划年限是 2008 ~ 2012 年，而不仅仅是针对国家实施扩大内需政策 3 年左右的时间范围，项目的总投资额也仅仅是一个匡算数。云南省“十一五”期间计划完成 1.8 万亿元的投资。这意味着，除去 2006 ~ 2008 年云南省预计共完成的投资 8400 亿元，2009 ~ 2010 年两年云南省将投资 1 万亿元。当我们考虑到这 3 万亿元仅仅是未来 5 年的投资匡算数，考虑到地方政府确保经济增长、提高市场信心的良好愿望时，我们也就能够理解这些数字的真实含义。

提及云南，人们首先想到的是西双版纳，是旅游，其实云南还有一个经济亮点：那就是边贸。地处西南，接壤越南、老挝、缅甸等国，一方面，这三个邻国同属于世界不发达国家，日用工业品自给率仅为 30% 左右，而国内的医药、轻工、纺织等正满足了对方的需求；另一方面，三国都有极为丰富的宝石、矿产、药材等资源，这些东西运回国内其价值定然不菲。就目前的情况来看，云南的边贸都是些小额商品贸易，企业规模偏小，抗风险能力弱，这正有利于整合市场资源。当然小商品贸易仍然是小打小闹，如果我们“走出去”，投资毗邻三国，将其变为我们的“后花园”，其盈利空间将难以限量。

## 贵州

在加大投资、扩大内需方面，贵阳市政府紧锣密鼓推出一系列具体配套方案，将“真金白银”投向重大民生工程、基础设施建设、加快自主创新和产业升级结构调整等方面。其中12.8亿元投向民生工程，131亿元用于工业项目，70亿元投入基础设施。

提及贵州，人们自然想到的是“天无三日晴，地无三尺平”。首先，贵州山多，交通十分不便，坐了一天的火车可能还未出贵州省境；其次，贵州地处内陆，既无沿边也无沿海，无法发展边贸；最后，贵州发展历来都不是中央考虑的重点，无法获得足够的国家资金和政策支持。考虑到以上不利因素，贵州是不是就没有投资机会了呢？当然不是。我们认为贵州的中草药发展前景巨大。贵州是中国著名的四大中药材产区之一，其中天麻、杜仲、黄连、吴茱萸、石斛被称为贵州五大名药，贵州自古就有“夜郎无闲草，黔地多良药”之称。自然资源丰富是中草药业的一大优势；另外，贵州中草药市场结构混乱、一盘散沙，多数企业都是默默无闻、小打小闹、规模小、效益不高，即该市场还处于低级发展阶段。再有，政府已制定了一系列政策和措施，包括财税、信贷、资金、生产准入等优惠政策，这些利好政策都使得中草药业具备了良好的发展前景。

## 西藏

在本次投资计划中，西藏自治区政府确定了西藏进一步扩大内需促进经济平稳较快增长的对策，主要集中在四个方面。一是突出农村民生工程和农村基础设施、重大基础设施、生态环境保护等项目重点；二是加快在建项目的组织实施，抓紧启动一批新开工项目，加快准备和谋划一批新增项目；三是积极强化措施，扩大消费需求，努力提升对外贸易水平，加大信贷税收支持力度；四是切实加强对扩大内需，促进经济平稳较快增长工作的领导，严防“豆腐渣”工程和安全事故。西藏在国家的战略投入和经济投资中都占据着相当重要的地位，相信这一次中央和西藏政府加大对地区的投入能切实对西藏地区的经济起到推动作用，并有效提高人民的收入，维持地区的稳定与和谐发展。

**点评**

应该说西南四省一市的经济地位在全国来说并不能算是非常优秀的，但是出人意料的是在本次投资计划中，云南和四川均拿出了3万亿元的投资计划，位列全国之首。如果说四川还有地震灾后重建的特殊情况的话，云南巨大的投资计划多少有点令人意外，即使是把3万亿元投资分散到未来5年，对云南的财政收入也是一个极大的挑战。2008年，四川作为地震的重灾区，牵动了全国人民的心，而灾后的重建，更是令国民瞩目。可以看到，不管是中央政府，还是四川地方政府，都在灾后重建上使足了力气，花尽了工夫，灾后重建涉及整个经济社会的方方面面，包括住房重建、产业重建、设施重建、城镇重建、生态重建等方面。我们希望，所有国家和地方的投资都能真正的落到实处，使受灾地区的重建能够有效率地进行，让灾区人民能真正地重新过上幸福的生活，我们相信这也是全国人民共同的心愿。

## 八、经济刺激指数——看上去很美

自从国务院推出4万亿元刺激经济方案后，各地政府也纷纷公布了各自的投资计划，根据对所有已公布投资计划的省市的合算，投资计划总额已经超过20万亿元。这20万亿元对中国经济会起到多大的推动作用？各省的投资对各自的刺激作用实际上能有多大？

如何准确评价各省市的投资计划?

笔者在考虑了各省市提出的投资计划额度、投资年限、本省（市）GDP、本省（市）财政收入、资金流向等数十个指标的基础上设计了一套中国省市投资经济刺激指数。结果显示云南、陕西、内蒙古三省市计划投资对经济的刺激作用最大，青海、甘肃、贵州则分列倒数三名。

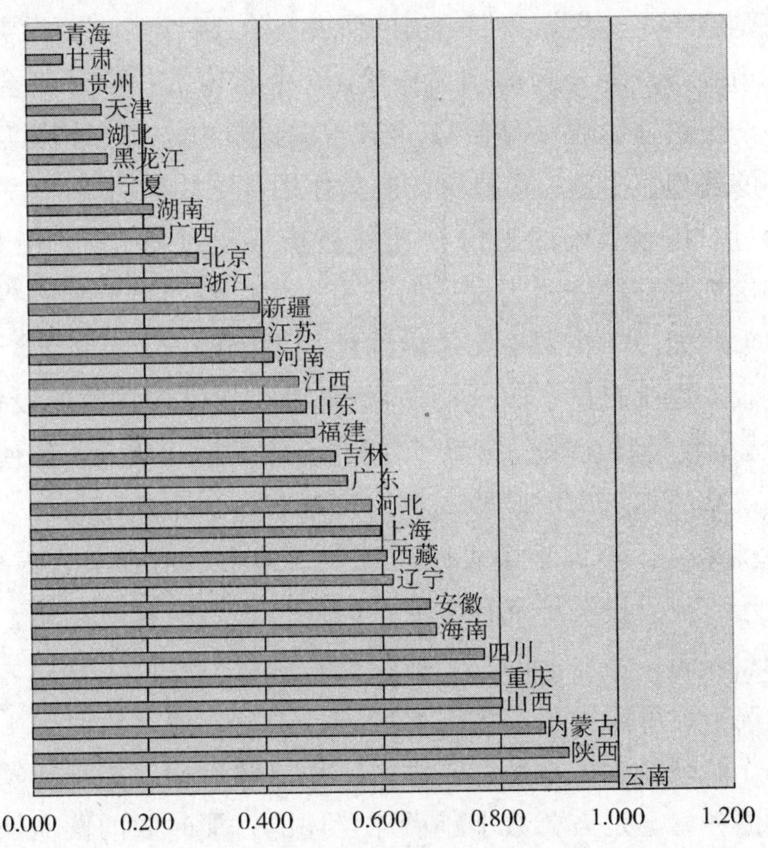


**图 2.17 全国各省市刺激经济指数图**

可以看出，大部分省市的经济刺激指数都在 0.2 ~0.8，如上海为 0.598，山东为 0.474，北京为 0.293；排名前三的省份分别为云南 1，陕西 0.916，内蒙古 0.874；而贵州、甘肃、青海则都不足

0.1。对于图中的指数，在其他条件都相同的情况下，投资额度越大、投资年限越小的省份指数越大，如云南、内蒙古等省市的指数比较大；相同条件下，本省市的GDP越大则指数越小，如广东、北京等省市则未进入前十名；而上年度的财政收入等都会对最后的指数起到重要的作用。研究表明，指数在0.3~0.7的省市计划投资将对本省市经济增长产生合理的促进作用；指数在0.7以上的表明刺激作用过强以致实现的可能性不大；而指数在0.3以下的表明投资的经济刺激不足。根据我们给出的研究，有14个省市的投资计划会对本省市经济产生合理的刺激作用，6个省市的投资计划会对本省市经济产生过强影响，而有11个省市的投资对本省市的刺激作用则显得不够强烈，少数省市投资的刺激作用甚至相当弱。

通过对排名靠前的省份（尤其是指数超过0.7）的分析表明，这些省份都不是经济相当发达的省市，相比较而言计划的投资额度却相当大。如云南在未来5年内的计划投资额（3万亿元）与上年的财政收入之比超过了50倍，即如果云南省仅仅靠政府投资的话，3万亿元的投资将耗尽全省50年而非5年的财政收入。即使考虑云南省在未来的年份里财政收入的合理增长，这个数字也相当大。从资金来源来看，不外乎中央政府投资、地方政府投资、银行借款、政府举债、地方投资等几种方法，即使考虑所有这些因素，我们的研究仍然表明排名靠前的几个省份的投资计划实际上难以完成。在这种状况下，可能出现的情况有两种：第一，地方政府为了最近几年的工作业绩而大力举债，因为对于地方政府而言，现任领导欠下的大笔债务肯定是需要数十年后才偿还的，那时候的偿债任务早已不在现任领导，因此地方政府举债不会对现任领导产生大的压力，只会增加“政治业绩”，何乐而不为？另外还有一点需要提到的是现在社会上有一种声音说国内应该加快推行地方政府债券的发行，正如以上所述，笔者认为此举还需慎重考虑，预计中央政府不会在近期放开地方政府发行债券。第二，地方政府既然无法完成计划，到时候以政府有难处为由推脱，而这种行为对于某些地方政府来说亦属寻常，只可惜被“忽悠”的只有百姓，地方政府甚至可能会为这种行为而沾沾自喜，殊不知这样失去的是整个地方政府的公信力。

从上面的分析可以看出20万亿元投资计划看上去很美，但有多少能落到实处，却实在是一件值得质疑的事情。笔者的意思是，20万亿元投资计划不能不信，但是也不能全信，其中很可能存在泡沫，有必要及时挤一挤。因为，这些投资计划主要目的是扩大内需和改善民生，如果投资计划有泡沫，不仅会影响到投资效果，也是对公众的一种欺骗。所以，要格外警惕一些地方政府玩数字游戏。那么，为何部分政府要做大投资计划呢?

首先，国务院推出4万亿元刺激经济方案，刺激了地方政府的投资热情。地方政府做大投资计划的目的，既是向中央表决心，也是想多争取一些中央资金，借机来改变地方面貌。因为按照惯例，中央政府对地方政府报批的项目的审批是有一定比例的，往上报的越多，可能争取到的资金就越多，这对地方政府本身就是一种激励。

其次，为了吸引社会投资。政府投资其实只是个引子，因为扩大内需不能光靠政府投资，更重要的是依赖社会投资和民间投资。地方政府通过做大投资计划，主要是表明政府对于未来经济的信心，以此来刺激社会投资的信心。同时，地方政府也是做给民众和舆论看，以表现一个负责任政府的形象，而舆论对大投资的关注，无疑将加大对地方政府的关注程度，即使是本书的经济刺激指数，在加入多个指标和经过数学调整后排名前列的依然是计划投资较多的省份，这对于地方政府而言又是一个激励。

最后，由于这些投资计划不仅涉及面广，而且实施时间长，这就给监督制造了困难，到底投资了多少钱?只有地方政府自己最清楚；投资效果到底怎么样?答案在数年之后，所以一些地方政府就可能夸大投资了。比如，计划投资3万亿元的云南，是5年计划，至于5年之后的演变，今天谁也难以言判。这种监管上的难度，不能不说在一定程度上给予了地方政府一定的加大计划投资力度的动力。

笔者认为，20万亿元投资计划存在泡沫的一个理由是很多地方政府无米下锅。有学者预计地方政府直接债务规模在2万亿元左右，背负众多的债务，加之未来财政收入的不确定性，如何保证20万亿元投资计划实施，是一个未知数。正如上文曾经提到的，部分地方财政收入与计划投资数之比实在相差甚远，如提出3万亿元投资计划的云南2007年的财政收入仅在500亿元左右。

虽然地方政府的热情投资值得赞赏，投资计划也值得期待，但在笔者看来，政府投资计划毕竟不是儿戏，不能有半点差错，不能失信于民。政府的每一项投资计划，都要经过广泛讨论、科学论证、民主决策。千万不能拍脑袋、凭热情、搞竞赛，如果只顾眼前效应不计后果，这就不是一个负责任的政府所为。

当然，从另一方面来看，有些省市的计划投资力度毕竟偏小，我们的研究表明经济刺激指数在0.3以下的省市多少存在这方面的问题。而属于这类的省市既有经济发达的地区，也有相比较而言略微贫困的地区。即使是对于经济不太发达的地区来说，我们也不能以政府财政负担过重来作为不加大投资的理由，因为政府财政负担过重在某一方面就表明了该政府的“政绩”。

因此，各地政府不是计划投资越大就能对本地经济产生越大的推动作用，不能给出不切合本省实际的投资计划。各省市应该在力所能及的条件下加大投资，不断拓展投资渠道、扩大内需，保持本地经济继续稳定地发展。

# 第三篇　行业篇

钢铁业——严冬不肃杀，何以见阳春

房地产业——整合才是主旋律

汽车业——凌寒独自开

纺织业——产业升级，正逢时宜

家电业——“过冬”当需另辟蹊径

金融业——寒流中孕育着暖阳

旅游业——风雨之后方见彩虹

农业——经济重新启航的“破冰船”

# “脱钩论”的破产

自2007年4月开始，美国的次贷危机愈演愈烈，逐渐演变为全球性的金融危机。次贷危机开始出现时，华尔街的金融从业者们提出了他们著名的“脱钩论”，认为次贷危机的影响范围有限，不可能波及全球金融市场，更不用说是全球经济危机了。同时，欧洲各国对本国的金融系统都十分有信心，始终认为大西洋彼岸的次贷危机还离自己很远；中国则是“脱钩论”的忠实信奉者，政府的精力主要用在防止食品价格上涨引起的通货膨胀上。而到了2008年7月，当金融危机进入全面爆发阶段时，欧洲和中国都同时发现了问题的严重性。欧洲由于金融体系较为开放，所以受到的短期冲击比较强烈，而中国由于依赖对美国的出口，面临的长期冲击比较强烈。

次贷危机演变为全球金融危机已经说明了“脱钩论”的破产，而金融危机引发的实体经济经营困难就更加意味着“脱钩论”的彻底终结。2008年11月，美国三大汽车业巨头正式向美国政府求助以应付目前的经营困境。这标志着金融危机已经深深嵌入了实体经济之中。这里可以用一个生活中的小例子来说明金融危机对实体经济的影响。有三个人分别是面包师、裁缝和鞋匠，他们都身无分文，每个人为了生活都各自需要价值100元的面包、衣服和鞋。金融体系处于良好运转时，面包师可以从金融系统贷款200元，分别用于购买衣服和鞋。此时，裁缝和鞋匠分别得到100元，他们可以用这100元购买自己需要的商品。最后的结果是：面包师、裁缝、鞋匠分别生产了价值300元的产品并各自消费了100元，其余200元用于交换，面包师把200元再还给金融系统。而金融危机时，金融系统对放贷没有信心，消费者对经济缺乏信心，不敢消费。此时，三个人无论谁都难以从金融系统借到钱，即使借到钱也不敢用于消费，信用无法建立，交换无法完成。最后的结果是：面包师、裁缝、鞋匠分别生产了价值100元的产品并自己消费了这100元的产品，交换的产品为0。比较这两种结果，我们可以很容易发现金融系统对于整个实体经济的巨大作用。第一种结果下，每个人的消费需求得到满足；后一种结果下，整个经济是名副其实的自然经济，大家都是自给自足。金融作为整个经济系统的中心，起着"润滑剂"的作用，它的一举一动对我们整个经济的影响都是不容忽视的。

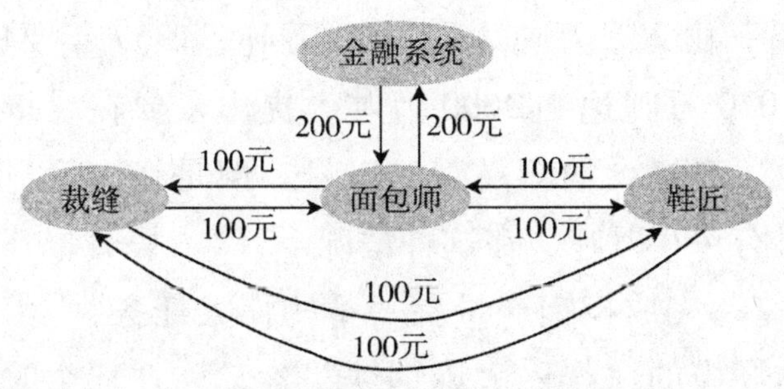


**图3.1　金融体系对实体经济的影响**

金融危机对实体经济的影响已经蔓延至各个行业。同样，国家刺激经济的政策对这些行业也存在着显著影响。在本书的行业篇中，我们主要涉及钢铁业、房地产业、汽车业、纺织业、家电业、金融业、旅游业、农业共八个行业。可以说这八个行业都是国民经济中极其重要的行业，它们的景气与否也体现了整个经济是否处于良性发展状态。每个行业大体可以分为三个层次：行业现状的介绍、国家刺激经济的政策对行业的影响、行业前景预测及其对百姓生活的影响。

## 一、钢铁业——严冬不肃杀，何以见阳春

### 中国钢铁业现状

钢铁业无疑是一个国家的命脉，中国甚至在20世纪50年代的某段时间还是“以钢为纲”，我们可以简单地回顾一下那段历史。1957年，中央根据当时某些特殊原材料供应不足、原材料工业薄弱的情况，提出了要积极发展原材料工业，其中钢产量1958年要比1957年翻一番，由335万吨达到1070万吨，1959年要比1958年再翻一番，由1070万吨达到3000万吨，提出了要在尽量短的时间内掀起一个工业生产建设的新高潮的口号。但是在1958年前8个月，全国钢产量只有450万吨，在这种情况下，《人民日报》发表了社论《立即行动起来，完成把钢产量翻一番的伟大任务》。由此，全国掀起了一个空前规模的“全民大炼钢铁”运动。在那个时代，人们普遍认为钢产量上去了，国家就富强了，赶英超美就实现了，虽然历史证明这是一个错误的认识，但是钢铁业对中国的重要性可见一斑。

半个世纪过去了，中国早已经成为了世界上钢产量最大的国家(2007年中国的钢铁产量近5亿吨，而排名第二、三的日本和美国的钢产量都仅在1亿吨左右)，并且拥有了近10个钢产量上千万吨的超级钢铁厂。然而中国钢铁总产量虽然大，却分布在近千个钢铁厂。2005年，国家发改委在颁布的《国家钢铁产业政策》中规划：到2010年，我国将形成两个3000万吨级，若干个1000万吨级的特大型企业集团。因此我们预计中国钢铁企业的兼并重组必定进一步加剧。

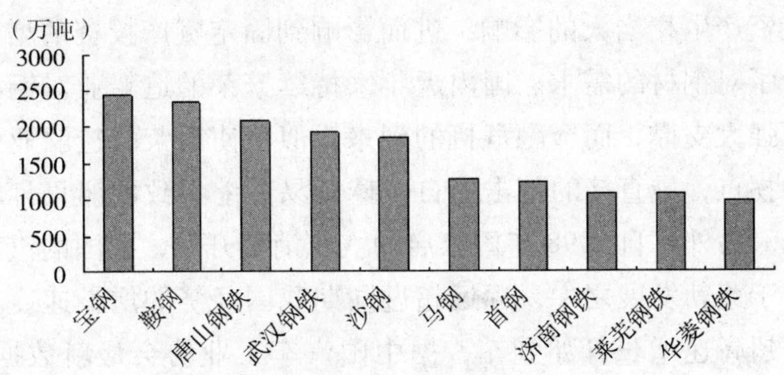


**图 3.2 2007 年钢铁业 10 强企业钢产量图**

数据来源：中国钢铁行业年鉴 2008

## 惨淡经营

2008 年上半年，中国钢铁行业产量比 2007 年同期仍有较大的增长，但是增长趋势已经明显放缓。从下半年开始，中国钢价暴跌、钢厂大面积减产，整个钢铁行业面临着“过冬”。2008 年 9 月份，全国 1/3 的钢铁企业陷入亏损境地，10 月份，绝大部分钢铁企业都公布了减产计划；9 月 18 日，我国钢铁龙头老大宝钢宣布，钢铁产品价格将在 10 月份价格基础上下调，与此同时，国内大大小小的钢铁企业纷纷加入到降价行列。产量下降、钢价坠势不减，一时间钢铁行业从上半年的“富豪”变成了“穷汉”。钢铁企业几乎迷失了前行的方向和信心，钢铁行业走到了集体亏损的悬崖边缘。那么，是什么原因导致中国规模庞大的钢铁需求急剧下降呢？

大家都知道钢铁的需求行业主要是房地产、造船和汽车业。对于钢材行业来说，房地产行业的用钢量占据了全国整体钢材需求的 1/4 以上，房地产行业的下滑对钢铁需求的影响巨大。由于前几年的超常发展使得 2008 年的中国房地产业处于一个调整时期，房屋的成交量一落千丈，大量楼盘闲置。而发生在美国的金融风暴，也使得中国楼市面临着更大的价格和需求双下降的压力。而这必将对房地产投资产生相当大的影响，进而影响到固定资产投资的增长，从而减少了对钢材的需求。国内近年来持续繁荣的造船业对钢材需求产生了强大支撑，而金融危机的到来，似乎使繁荣的造船业到达了萎缩的拐点，最直接的打击来自全球贸易萎缩导致的船只订单量大幅下降。另外，自1998年国家启动汽车消费开始，我国的汽车行业一直处于蓬勃发展之中，远远超过同期我国经济的增长速度。而如今这种超高速增长开始刹车，据中国汽车工业协会最新数据统计，2008年大部分车型销售量都较去年增幅减少。需求行业的低迷导致对钢铁的需求减少，进一步引致钢价下降，中国钢铁行业集体步入“严冬”。

中国钢铁行业面临困境的另一个原因是早先大家对于钢铁及其原材料价格预计错误。铁矿石和煤炭作为钢铁的两大原料在2008年下半年以前都一直处于一个高位，尤其是铁矿石延续了6年的疯涨。这就导致了一些企业为了防止原料价格进一步上涨而大量囤积原料的情况。金融危机发生以后，世界市场上原材料都经历了一个大幅降价的过程，因此这些企业把大量资金用于囤积原料的措施并没有得到预期的效果。而在钢铁需求下降的情况下，这些企业的资金周转变得相当困难。我们可以简单地计算一下，如果一个钢厂囤积了100万吨铁矿石，而铁矿石的价格已经从上半年的1800元/吨下降到了11月份的600元/吨，这意味着公司的这一部分资产从18亿下降到了6亿。而问题的关键是在2008年上半年，中国大部分专家和企业对市场都做出了错误的预测！

案例一：2007年底某证券钢铁分析师认为2008年中国钢价将上涨35%。

案例二：2008年初中国钢铁工业协会某领导表示，2008年企业的资源成本、环保成本有可能进一步增加，总体上来看，钢铁生产成本是一个不断上升的趋势，在这种情况下，钢材保持高价位运行可能是一个总的发展趋势。

案例三：2008 年 4 月国内某经济网站认为年内钢价突破 1000 美元/吨指日可待。

案例四：中国某行业平台网站 2008 年 5 月预测钢价将继续上涨。

集体的预测失误和整个恶劣经济环境导致的钢铁需求下降，致使中国钢铁企业维持着惨淡经营，中国钢厂的日子很难过！然而，钢材的价格何时才能见底？笔者通过对整个经济环境和钢铁业上下游企业的分析可以得出预测：2009 年钢价稳中有升，与 2008 年年底的钢价相比，持续下降的可能性不大。

**提前到来的春天**

一边是国内宏观经济增速下滑、需求不振的远虑，一边是全行业亏损、钢材出口数量快速下滑的近忧，中国钢铁业面临着近年来最严峻的“内忧外患”。如果单凭钢铁业自身的调整，恐怕需要好多年的时间。然而 2008 年中央政府 4 万亿元的投资计划无疑为钢铁行业的中长期稳定发展注入了一剂“强心针”。中央 4 万亿投资计划以及各地方配套的近 20 万亿投资计划可以从 3 个方面对钢铁市场起到积极的影响。

首先是信心，政府的投资计划将有助于恢复大家对钢材市场的信心。信心实际上就是大家对行业的预期，如果所有的人对钢铁行业都有积极的预期，钢厂的需求量就会上升，价格也会随之上升。相反，如果大家都认为钢价会下降，它就真的会下降。强而有力的预期，或者说是信心的增强，通常都会对整个行业产生巨大的影响。恐慌在一夜之间“吓跑”了中国钢材市场的需求，也导致了中国钢材价格的暴跌。而信心的恢复可以减少恐慌心理，让钢材真实的需求回到市场中来。而政府本次的投资计划就完全起到了这个作用，政府通过投资计划向大家传递了钢材市场需求将加大、价格将上升的信号，当大家都相信这个信息，并且政府真的这样做了的时候，整个市场就得到了恢复。

其次是政府的计划投资将真正形成市场需求。我们可以看到，在国家扩大内需的十大措施中大部分都是与基础设施建设相关的，比如第一条“加快保障性安居工程”，第二条“加快农村基础设施建设”，第三条“加快铁路、公路和机场等重点基础设施建设”，第七条“加快地震灾区灾后重建各项工作”等。这些基础设施建设说白了就是建房子、修马路，建飞机场、修铁路，而这些工程无疑都要用到大量的钢材。我们在本书第二篇里已经写到各省市的投资计划也主要集中在铁路以及城市建设等基础设施方面。强大的市场需求必将推动中国钢铁行业在2009年回暖。根据我们的估算，十项扩大内需措施可以为钢铁板块贡献约2亿吨的新增需求，而这些新增需求估计会分别在2009和2010年被释放。另外，中西部地区和灾后重建地区的钢铁企业受益会更大一些，最主要的两家受益钢铁企业可能是攀枝花新钢钒股份有限公司和重庆钢铁股份有限公司。

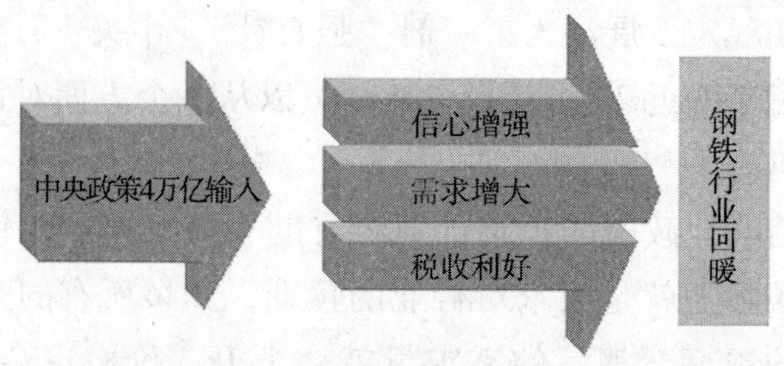


**图3.3　政府计划投资对钢铁业的影响**

对中国钢铁行业产生积极影响的第三个重要因素是税收。在本书第一篇里我们曾讲到中央扩大内需的十大措施的第九条“实施增值税转型改革”会对铁矿石的进口产生有利的影响。2008年11月12日，国务院常务会议决定取消部分钢材的出口关税，大部分品种的钢材都会享受到税收优惠。

因此，可以肯定地说，中央 4 万亿扩大内需、促进经济增长的投资，将为钢铁行业带来利好，钢铁业将成为受惠最为直接的行业之一。

**飞入寻常百姓家**

可以看出，中国的钢铁业将从国家的 4 万亿投资计划中收益颇丰，但是国家政策的影响力远不止如此，普通百姓的生活也会从各个方面受到钢铁行业走势的影响。

钢铁业受到利好政策的影响行情偏好，从而会对上市公司的股价产生积极的影响。根据股票价格的决定因素分析，公司的经营状况越好，股票价格上升的可能性就越大。而钢铁业作为本次政府投资中收益最大最直接的行业，各个企业也将获益匪浅。因此，对于 2008 年一直低迷的中国股市而言，钢铁企业的个股在未来两年内可能有较好的表现，而上文所述主要的两家受益钢铁企业攀枝花新钢钒股份有限公司和重庆钢铁股份有限公司也应该会有比较好的市场前景。

2008 年中国大部分省市的房价都出现了些许的回落，这一方面是由于前几年中国房价上涨速度过快，从今年开始房价慢慢向市场价格靠拢的原因；另一方面也是由于建房的原材料如钢铁、水泥等价格下降造成的。但是正如上文所分析的，中国的钢铁业将会在政府政策的支持下走出“严冬”，钢铁价格也会回至甚至超过以前的水平，自建房的成本无疑会有较大的提高。另外，城市的房价由于钢价的回升也不大可能在 2009 ~ 2010 年下降到百姓期待的最低点。因此，2010 年以前也许仍然不是广大民众购房的最佳时期。

钢铁作为生活中众多消费品的原材料，国家投资计划对钢铁行业的影响都会通过这些消费品间接地体现出来。当然，作为钢铁企业的从业者而言，钢铁行业大环境的“回暖”，企业利润的增加将直接影响到他们的工资，因此这一部分从业者以后几年的钱包很可能会比2008年的要鼓得多。

钢铁业作为国家的命脉产业在任何国家任何时期都具有极其重要的战略地位，钢铁作为众多基础建设和消费品的重要原材料与民生紧密地联系在一起，因此国家的许多重要政策都与钢铁有关，并进而影响到百姓的生活。应该说，钢铁业是本次政府投资计划中受益最大的行业，而众多百姓也将从这项政策中得到实惠。但是我们也应该看到，由于钢价的上涨也会带动房价等与百姓生活密切相关的商品价格的上涨，因此钢铁行业的变化对百姓的影响会因人而异。

## 二、房地产业——整合才是主旋律

### 现状

从1998年7月3日，国务院颁布《关于进一步深化城镇住房制度改革加快住房建设的通知》至今，我国房地产业经历了一个“黄金十年”。房地产业不但发展速度迅猛，而且对我国城市化进程的快速发展也做出了巨大的贡献，因此2003年其被明确界定为“国民经济增长的支柱产业”。在这十年里房地产业带给我们的不仅是一片欣欣向荣的景象，而且有太多的惊喜和感叹。

在这短短的十年里我们看到了一幢幢高楼拔地而起，也看到了一个个房地产富豪的骤然诞生；我们在看到一座座环境优美、舒适宜人的住宅小区带给大家愉悦的同时，也看到了一个个“房奴”的辛苦和许多想要买房的普通市民“望房兴叹”的悲愤；我们看到了国家为了抑制房价上涨过快的国六条、国八条、七〇九〇政策的出台，也看到了房价却不受其宏观调控的影响而毅然一路狂飙，疯狂地向上攀升的情景；我们看到了美国次贷危机带来的世界经济的萧条，也看到了房价终于在金融危机的影响下开始另一段新的征程——房价开始下跌了！总之，这不平凡的十年对于房地产业来讲，可以说它的发展一方面推动了经济的增长，另一方面也积累了太多的问题，以至在当前金融危机的影响下，终于走到了历史的拐点，迎来了房地产业的“严冬”。

当前房地产业的“严冬”来临可以从两个方面进行说明。从微观层面上说，早在2008年年初作为中国最大的中介公司的创辉地产出现了多家店关门，马上在6月份又出现影响甚大的深圳断供潮，接着全国各大一线城市房价大幅打折，然后是由退房潮引发的开发商无理由退房，再到政府调低限价房，最后在无奈之余政府出来救市，房地产业的窘境一览无遗。而从宏观层面来看，通过国家统计局发布的2008年1~11月全国房地产市场运行情况的数据来看亦如是。比如说房地产开发景气指数在11月份大幅度回落，并且看不到任何好转的迹象存在；从商品房销售持续下降，市场上购房者的观望情绪在愈演愈烈，大家都在等待房价不断走低；而备受关注的房价在2008年下半年也有所下滑，昔日虚高的房价当前正在逐渐回归到一个理性的水平。

以上都表明房地产“严冬”来临，也预示着房地产业的发展已经宣告一个段落，当初房地产业那种如日中天、不可一世的豪情已经不复存在，现在它已经仿若病入膏肓。

生病就得治，所以房地产企业和政府在今年都各显身手以图拯救楼市。许多房地产开发商在这个时候基于资金密集型的行业特点，由于不能承受资金链的吃紧而退出市场；部分企业纷纷展开打折优惠活动，广州有些楼盘优惠的额度竟高达30万元、40万元等。可是如此的打折促销活动还是没有换来前些年购房者的激情，好多购房者还在观望。

而政府在这种情况下也采取了许多的措施：

（1）2008年10月份我国首次利率下调，政府以期通过下调利率来稳定房市，降低购房者的观望情绪，但是效果不明显。

（2）行动迅速的政府救市行为，如西安、南京、杭州等18个城市针对房地产市场的救市政策陆续出台。特别是杭州市“24条”从“减税促需、缓压护市、稳定市场”三个角度，采取取消地方税费、购房入户、推迟土地出让金缴纳时间、比例等综合手段，力求区域房地产市场的稳定，成为目前为止最系统的地方救市政策。尽管如此，房地产市场还是阴云密布，被悲观情绪笼罩。

（3）就在国家拯救楼市的政策出台后的几天，建设部宣布，今后三年中央财政将投资9000亿元，增加200多万套廉租房、400多万套经济适用房及220万户的棚户区改造。这一政策的出台给本身就已经不景气的房地产一个大大的惊奇，这不是对生病的房地产实施反向治疗吗？难道要以毒攻毒？我们仔细研究可以得到，国家这一政策的出台是在拯救房地产行业及相关的上下游产业，而不是拯救虚高的房价。从短期看它可以有力地打击这些年在房地产行业的投机者和增加就业拉动内需。从中长期看，大量保障性住房的建设可以为市场提供一个合理的住房结构，有利于消化房地产泡沫，促进市场的健康发展。

## 影响当前房地产发展的因素

### 1. 国际经济环境

国际经济环境是影响当前我国房地产业市场低迷的重要因素之一。占世界经济总量1/4的美国打个喷嚏全世界就要感冒，何况此次美国次贷危机及金融危机影响之大，完全超出人们的想象并迅速波及世界各地，我国也无可避免地受到冲击。原本还算旺盛的需求在刹那间消失得无影无踪，国际热钱也迅速从我国抽逃，许多受国际环境影响很大的企业纷纷倒闭，今年我国光倒闭的中小企业就有6.7万家，从这个角度我们就不难理解整个市场环境的疲软。

2. 宏观调控政策

宏观调控政策对当前我国房地产业的发展起着越来越重要的作用。从2003年开始，随着房价的持续走高，为抑制房地产过热，从中国人民银行下发的《关于进一步加强房地产信贷业务管理的通知》到现在的调低利率，再到9000亿的保障性住房建设等都在对房地产市场进行宏观调控，都在影响着房地产市场的发展。如果说2003~2008年上半年是对房地产投资过快，抑制房价增长的宏观政策没有对房地产市场的健康发展产生重大影响的话，那么现在的调低利率和9000亿保障性住房建设的政策将会对我国房地产市场的发展造成深远的影响。

3. 房地产市场的不完善

不完善的房地产市场是当前我国房地产业出现问题的关键原因之一。由于我国市场体系本身的不完善，导致房地产市场也存在不完善的方面，以至于这些年房地产发展中出现了许多政府想管也没法管好的问题。现在所有的问题爆发了，政府也正在制定各种规章制度和政策措施去有效管理这个市场，以期通过完善的市场来引导未来房地产业健康地发展。

4. 房地产企业对商品房的囤积

房地产企业囤积大量商品房也会导致当前房价的进一步走低。据官方统计，我国空置商品房面积高达1.36亿平方米，但是某些专家估计实际可能接近2亿平方米。这意味着购房者在2年左右的时间里才能够消化得完，加之每年还有大量新增建设住房和当前国家提供的大量价格低廉的保障性住房，再加上全球经济还在萎缩，所有的行业还在走向衰弱以及房地产业是资金密集型行业的特征，所有这些将导致开发商不可能再继续囤积下去。为了解决资金链的问题，大量的房地产开发商只能被迫竞相降价出售住房。这样的打折优惠将引爆新一轮的房地产价格的下跌，并对未来房地产市场价格产生深远的影响。

5. 金融市场的影响

房地产业的行业特性决定了它与金融业是相互联系，密不可分的。本次金融危机虽说是金融行业的内在危机爆发，但是它的根源却来自于房地产业。正是美国房地产泡沫的破裂导致了次贷危机，反过来再影响房价，最终导致金融危机的不断深化，所以房地产泡沫才是这次金融危机的导火线和助推手。在我们国家房地产业产生泡沫的原因正是由于前几年信贷在房地产业过度的发放，据统计从2003～2007年我们的个人住房信贷业务的金额从3229亿元飞涨到31300多亿元。另外，其他行业和大量的股市融资进入房地产业，大量的国际资本也纷纷进入房地产业，导致房地产业投资过度，房价直线上升，连国家宏观调控都失去了效果。这就是金融市场对房地产市场产生的巨大影响力，因此金融市场的严加监管、规范和稳定，对房地产市场的健康发展有着至关重要的作用。

6. 物价、工资因素

物价、工资和房价相互影响。这两年正是由于物价的飞涨导致了工资不断贬值，工资水平的恶化又进一步影响了人们对商品的消费。反映到房地产上就是物价的上涨导致了房地产价格的上涨，可房地产价格的上涨和人们工资水平的相对不断下降又是一个相反的关系，所以带来的结果就是想要买房的人买不起，工资的上调水平赶不上房价上涨的水平，人们哪里还敢去搞按揭，哪里还敢去实现自己的买房梦啊！据悉在过去的五年里，上海的住房价格上涨了200%，而经济的发展速度和人们收入的增长速度却远远低于房价的上涨速度，可想而知的是作为普通老百姓想要拥有一套自有住房，将是多么的困难了，不是我们工作不够努力，不是我们挣钱太少，只是房地产开的是奔驰，而我们却是骑的自行车，再疯狂地向前冲也力不从心啊！

7. 心理因素

心理因素也是当前我国房地产业不能很快摆脱困境的重要原因之一。目前房地产江河日下，持有观望情绪的购房者也就越来越多。对一个普通老百姓来说，尽管很多地方的房价已经开始了"大跳楼"，但是这个房价是建立在过去几年房价的不合理上涨的基础上的。大家都认为房价应该再往下跌，跌到我们一个普通老百姓通过诚实的劳动能够买得起的程度，这是当前大家的心声。这也是我们心理的合理预期，符合我们老百姓对正常生活需要的期盼！要想提高我们小老百姓的消费信心，那你这个房价就再降降吧！

**前景预测**

回望2008年的房地产市场，我们已不想说得太多，反正楼市的"严冬"已经来临。展望未来的两三年，楼市将续写这段不平凡的历史，无论是国家宏观政策的调控还是房地产市场的自我调节都存在着很多的期待。我们预计未来楼市的发展会呈现如下的几种情况：

1. 房价将继续走低

未来房价将继续下跌，但是下跌的幅度不会太大，估计在25%左右。影响房价继续下滑的原因主要表现在以下几个方面：首先，房价的飞涨虽然能刺激各个相关产业的消费，推动国家经济、社会的发展，但是当房价涨到了普通百姓不能承受的程度的时候，它就成为了国家经济发展过程中的一个阻碍因素。它会增加资金进入的成本、造成人才的流失、降低资本使用效率，同时也加大了社会的贫富差距，造成社会的不和谐，严重的还可能进一步演变为政治问题，所以国家也不希望房价继续再度走高。其次，从供求关系和价格与价值关系看也不允许房价攀升了。从供求关系来看，存量商品房大量堆积，增量住房还在不断地供给，而购房者大多都在观望，严重供大于求的局面很难打破；从价格与价值关系来看，目前的房价仍然较高，远远超出普通百姓的承受能力，这一点从房价收入比、房价租金比等指标就可以深刻地反映出来。最后，国际金融海啸的不停蔓延，导致整个世界经济形势不断恶化，市场低迷状况很难在短时间内得到恢复，房价也会继续受到影响。

2. 各个地方房价下降的幅度差异悬殊

首先，从城市的发展水平来看，全国一线城市如北京、上海、深圳等房价下降的幅度将高于其他二线、三线城市。由于过去几年中大多数的投机资金在一线城市乱窜，与开发商一起哄抬房价，从中获取巨额利益，因此才形成了哪里有它（他）们的出现哪里的房价就开始不正常地飞涨的现象。其次，从地域空间上来看，珠三角、长三角和环渤海经济圈的房价下降幅度将大于中部和东北部地区，而中部和东北部地区的房价下降的幅度又大于西南和西北地区。最后，从行政区域来看，直辖市和省会城市房价下降的幅度又大于地级城市，而地级城市的房价下降幅度又会大于县级城市及建制镇的房价。

3. 整个房地产的发展不会出现大的波动

虽然房地产的“严冬”到来了，房价在下降，购房者在观望，房地产开发商的投资欲望也在下降，但是国家 4 万亿元的基础设施建设一方面会提升城市和地区的地位，加速城市化的升级；另一方面也会增加大量的就业机会，有利于拉动内需。同时，每年 3000 亿元的保障性住房建设资金涌入房地产行业就是为了防止由于房地产不景气带来的上下游产业的衰退，以刺激内需，释放一部分购房需求。

4. 未来普通商品房、经济适用房和廉租房的结构将发生改变

过去几年房价的快速攀升已经使得全国各地民怨四起，于是就有人出来说了，美国的“房奴”更多，他们背负的债务更重，你普通老百姓买不起房是很自然的事实。那么我们想问的是我们为什么要向美国看齐，美国什么都是标准，都值得我们学习吗？况且我们国人的价值观念压根儿就和美国人不一样，我们凭什么就一定要走美国人的路，为了一套房却要背负着20年、30年甚至一辈子的还贷债务，并且感觉自己是个房奴还很自豪，有必要吗？我觉得我们中国就应该踏踏实实地研究中国的国情，做些符合中国老百姓心理愿景的事情，这才是国富民强、科学发展和社会和谐的根本。所以我们国家为什么要成立住房与城乡建设部呢？我们国家现在在房地产市场那么不景气的环境下为什么还要拼命地投钱建设保障性住房呢？这些都预示着国家要抓民生，为人民办实事，要让大多数的人能够有房住，我们要建设惠及更多人民群众的住房。所以今后我们国家的房地产市场将出现普通商品房、经济适用房和廉租房三足鼎立的局面，当前普通商品房一枝独秀的现象将“恰似一江春水向东流”，住房建设结构将得到优化。同时，房地产商获取暴利的时代也渐行渐远，并在中国形成有特色的房地产运行模式。

**百姓视角**

由于存量住房的数量庞大和国家9000亿元保障性住房的充斥，很多的炒房者也可能不堪重负而释放出大量的二手房，这样原本已经相当不景气的房地产行业将面临更大的挑战，所以开发商、炒房者都会由于资金链的问题而纷纷降价卖房。房地产商会使出优惠、打折的种种诱惑招数来让老百姓释放需求，作为普通老百姓的我们，在这个房地产的“严冬”中，我们该采取什么样的措施来应对呢？

我们的看法是这样的：如果你生活在一线城市、省会城市或者东部沿海发达城市，建议你可以再多观望一段时间，大概到2009年底的样子，再选择购房。因为在这些比较发达的城市往往房地产泡沫会相对严重一些，住房的降价空间也会比较大，但是到了2009年底的话估计降价的空间已经调整得差不多了，房价再降也不会降到哪儿去了，所以这个时候该出手时就要出手了。但是如果你是生活在中部、东北部、西部的地级或是县级城市，这些地方住房降价的空间不是很大，估计在2009年上半年就会见底，不会出现大的降幅，建议自己感觉好的楼盘，中意的住房在短时间内就要做出决定是否购买，不要持有太长的观望态度。

## 三、汽车业——凌寒独自开

**现状**

自2001年以来，中国汽车工业总体上保持了良好的发展势头，2007年销量水平比2003年翻了一番，中国汽车工业已连续九年保持着两位数增长。2007年我国汽车总产量达888.2万辆，同比增长22.0%，仅次于美国和日本，成为世界第三大汽车生产国。2007年我国商用车产量达250.1万辆，同比增长22.2%，产量增幅在近几年中首次超过乘用车增幅。这是中国汽车人几代人付出的结果，这标志着我国的大中城市开始进入家庭轿车时代。

但是进入2008年以后，汽车行业的增速减缓。数据显示，2008年前8个月，我国乘用车产销463.24万辆和455.03万辆，同比分别增长13.67%和13.15%，与上年同期相比，增幅分别回落8.32个百分点和10.94个百分点。2008年以来，国内车市除1月、3月、6月增长外，2月、4月、5月、7月和8月均出现环比下降。9月份全国汽车产销环比出现明显增长，但同比仍然是负增长。造成消费量下滑有两个重要的原因：一个是金融危机对消费者信心的打击，相当数量的消费者因为对中国经济减速的担忧，可能会取消买车的计划；另一个是前些年乘用车严重超前消费造成市场的开发过度。

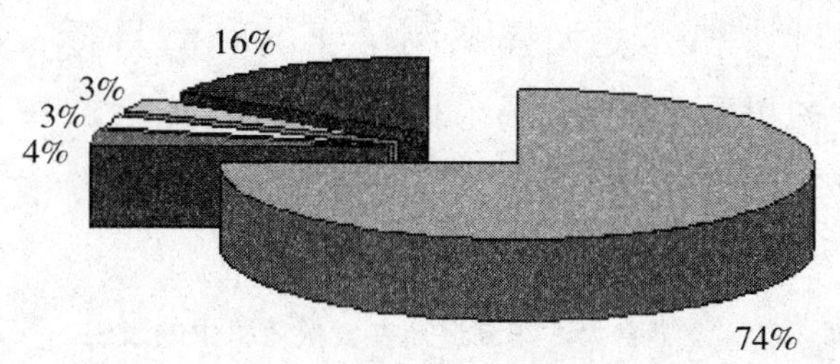


**图 3.4　2007 年乘用车产量分布图**

数据来源：中国汽车工业协会

单就产量的增长而言，我国汽车业的发展势头是良好的，但是仍然有很多问题制约着我国汽车业的进一步发展。首先，我国汽车企业缺乏关键技术，关键的零部件（如发动机）大多是由外商提供的；其次，我国汽车企业在研发方面的投入不足，大型跨国公司研发费用一般占销售收入的4% ~5%，而我国则大多占2% ~3%；再次，我国汽车企业的利润率很低，盈利模式单一，国内企业大多单单通过整车盈利，而国外大企业的盈利模式多样，如销售配件、汽车金融、技术转让等；最后，我国的汽车企业规模都比较小，而且重复建设现象十分严重，造成了资源的极大浪费。从这个层面而言，我国的汽车业还有很长一段路要走，距离真正的汽车强国还有很长的距离。企业的技术水平落后使其缺乏全球竞争力，无法实现走出去的战略。企业如果仅仅依靠降价来占领市场的话，很有可能重走家电业的老路，陷入恶性降价之中不能自拔。

## 金融危机下的汽车业

受不断蔓延的全球金融危机的影响，世界汽车行业的主要厂商相继大幅下调全年利润目标，预发裁员通知，并敦促政府加大扶持力度。戴姆勒停产、宝马裁员、标致雪铁龙减产、通用和克莱斯勒合伙过日子、马自达和三菱大幅下调全年的利润目标，可以用哀鸿遍野来形容目前的世界汽车市场。以下是世界各大汽车制造商在金融危机中的表现（表3.1）。

**表3.1　世界各大汽车制造商在金融危机中的表现**

| 厂　商 | 受影响程度 |
|---|---|
| 雪铁龙 | 大规模减少产量 |
| 丰　田 | 销量将下降5%左右，股价大跌 |
| 戴姆勒 | 2008年12月11日至2009年1月11日全线停产一个月，裁员3500人 |
| 通　用 | 裁员1600人，向美国财政部申请援助，以帮助其与克莱斯勒合并 |
| 克莱斯勒 | 2008年底前在全球裁员5000人左右 |
| 沃尔沃 | 全球裁员3300人 |
| 日　产 | 2008年一季度同比下降42.8% |
| 大　众 | 在西班牙的汽车坐椅厂裁员4700人 |
| 马自达 | 大幅下调全年利润目标 |
| 本　田 | 2008年一、二季度利润同比下降19.1% |

销售不佳以及消费者对市场前景不乐观是汽车企业陷入困境的主要原因。继美国汽车销量出现大幅缩水之后，欧洲汽车市场也出现了同样的情况。相对而言，国内的汽车市场要好很多，虽然不能说是春暖花开，但也没有感受到多少寒意。中国汽车业协会统计的2008年前三季度产、销数据分别为731.31万辆和722.92万辆，同比仍然分别增长了12.35%和11.94%。增幅比上年同期有所下降，但是仍然是全球发展最快的汽车业市场之一。

在汽车市场一片萧条之下，中国这块巨大的市场将成为世界各大汽车制造商争夺的焦点。金融危机下，中国的市场对这些厂商显得更为重要。抓住了中国市场不仅可以抓住一根救命稻草，而且还可以打击其他竞争对手，在以后的竞争中占据一个十分有利的地位。虽然各大汽车制造商都在裁员以缩减开支渡过难关，但是没有哪家厂商提出要在中国缩减开支的，反而是很多公司表示要继续加大对中国汽车市场的投资。中国人均汽车保有量为44‰，这个比率仅为世界平均水平的1/3，更是远远落后于美国的750‰。所以，未来10年，中国仍是全球汽车业发展不可或缺的最大的市场，汽车业巨头纷纷加大在中国的投资是很有战略眼光的。

不容忽视的是国内的自主品牌汽车制造商的日子并不比国外的汽车制造商好过。自2008年起，国际原油价格暴涨以及铁矿石价格居高不下引发的汽车钢材价格不断攀升使得汽车的制造成本大幅上涨。而为了降低国内的通货膨胀，政府紧缩银根、多次提高利率，企业的资金成本提高，企业的资金运转困难。同时，劳动合同法以及通货膨胀也引起了汽车企业员工薪水水平的提升，企业的利润空间进一步被压缩。成本的上升对长期以来以价格战为主要竞争手段的国内汽车制造商而言，其影响将会更突出。人民币汇率不断上升、原油价格飙升以及国际市场的萧条使得我国的汽车出口也受到了很大影响。在内外交困下，国内的汽车制造商也出现了危机。2008年前三季度奇瑞、华晨、哈飞三大自主品牌汽车制造商的销售都出现了负增长，其增长率分别为-8%、-7%和-2%。相比中国汽车制造业11%的增长率，可以说自主品牌汽车制造商正经历着前所未有的危机。

## 雪中送炭

1998年亚洲金融危机时，政府果断地启动了房地产和汽车两大市场以缓解金融危机对经济的冲击。相比10年前，现在的中国更加融入世界经济，金融更加放开，这场规模更大的金融危机对国内经济的影响将会更加巨大。首先，这场金融危机是一次全球性的金融动荡，无论是新兴市场还是发达国家都不同程度地经受着冲击，而1998年金融风暴则主要是亚洲的经济体经受冲击；其次，目前的中国比10年前有更大的资本流动规模、更大的外汇储备，也包括对出口更高的依存程度。中国经济的出口依存度在1998年只有18%，到2007年上升到38%左右。政府提出的刺激经济计划中并没有直接与汽车业相关的条款，但是仔细看还是有一些条款会间接影响到汽车业发展的。

基础设施建设尤其是公路的建设对汽车业的影响十分巨大。汽车业经过这些年的爆炸式增长，城市的交通系统已经不堪重负。与汽车业的高速发展相比，我国的城市道路建设相对落后。郭德纲相声中说："世界上有三大赌城，分别是澳门、拉斯维加斯和北京。前两者是真正的赌城，后者就是'堵城'了。"城市的交通状况已经成为影响汽车消费的一个非常重要的原因了。就北京而言，在建的以及建成的地铁已经几乎可以涵盖北京城的大部分地区，而到2015年，北京的地铁将会分担公共交通50%以上的客流。堵车不仅会浪费大量时间，而且会增加耗油量，从而消费者用车的成本也进一步上升。

消费者的收入水平对汽车市场的影响明显。政府为了扩大内需，提升消费在经济增长中的比重，提出了扩大居民收入的计划。需要指出的是，这是一个长期实行的措施，而且针对的人群主要是低收入者。目前我国能够消费汽车的人群，绝大部分都不属于低收入人群。因此短期内，这一计划的提出并不会对汽车市场的发展产生明显的积极作用，但是随着我国经济水平的提高，汽车消费将会更加普遍，这项政策对汽车市场尤其是低端市场的促进作用会十分明显。

同时，政府出台4万亿刺激经济的计划对提升消费者的信心也是十分有利的。消费者对经济状况的预期会直接影响其汽车消费取向。汽车市场是政策性市场，恢复汽车市场的关键是恢复消费者对汽车消费的信心。就提升信心而言，4万亿元投资在什么行业，该怎样投资反而显得不是很重要，重要的是它能够向消费者传递一种信心，让他们对其未来的收入水平有良好的预期。

### 历史会重现吗

历史一再证明，以前发生的事情很有可能会再次出现。1998 年金融危机这一不利因素恰恰是我国汽车业开始加速发展的助推器。10 年后的这场金融危机是否也将成为我国汽车业发展的又一个难得机遇，现在说还为时过早，但是可以肯定的是 2008 年会是汽车业发展的转折点。

2008 年世界原油价格一路飙升，一度突破 140 美元/桶大关，虽然目前原油价格大幅回落，但这使得政府更加重视国家石油安全问题。燃油税方案在这个时候通过是意料之中的事。出台燃油税的最主要目的，是为了抑制燃油的不合理消费。我国从 1993 年由石油净出口国变为净进口国，进口石油在石油消费中的比重不断上升，目前已达到 50%，而且我国石油利用效率低、浪费现象严重。目前燃油税的细则还没有出台，但定于 2009 年 1 月 1 日开始实行的燃油税对中国汽车业的深远影响已经成为事实。对于小排量的汽车而言，燃油税的实施无疑是一个很大的利好消息。消费者在选择车型时，汽车的排量将会占据更加重要的地位。受到冲击最大的可能要数中高级汽车了，实行燃油税使得这部分消费者或者选择小排量汽车，或者选择豪华汽车。新能源和节能汽车的开发力度也会进一步得到加强。燃油税即将开征，石油资源日趋紧张，汽车制造商已经意识到谁尽早掌握节能环保车型关键技术，谁就可以在下一轮市场竞争中掌握更大的话语权。2009 年成品油价格在现行价格的基础上继续下降已成定局，但下降的幅度预计不会太大，大约在 1 元/升左右。如果 2009 年全球经济没有较大起色的话，那么石油的价格还将在低位运行。这也许是汽车制造商进行技术结构调整的一个契机。低油价背景可以抵消很大一部分由燃油税改革带来的冲击，使得汽车制造商的技术、结构调整变得轻松许多。

面对当前的经济结构调整，国内的汽车制造商面临的首要问题是如何生存下去。很多经营不善的企业被洗牌，一旦汽车业重新繁荣起来，生存下来的这些企业将能够获得更加丰厚的利润。未来两年内汽车业的并购重组将异常活跃，国内的汽车制造商要抓住机会，在未来的竞争中占据有利地位。如果按照目前的路径发展下去，发展中国家将很难追上发达国家。国际上几大汽车业巨头已经控制了大部分核心技术，它们在竞争中拥有定价权，作为后来者只能处于整个产业链的末端。现在汽车业巨头陷入了困境之中，这是一个打破传统市场竞争格局的机会。金融危机下，发达国家的劳动力成本高得让这些汽车业巨头更加难以忍受，而且发达国家的汽车市场已相对饱和，增长乏力，把工厂向具有广大市场空间、成本相对较低的发展中国家转移成为必然。而发展中国家中，中国汽车市场对这些汽车业巨头尤为重要，它们掌握的新技术会更多地转移到国内市场，国内的制造商也就有机会接触到更多更先进的技术。2009 年第一、二季度是国内经济最困难的时期，随着国际经济形势的稳定，到第三、四季度国内的经济将恢复过来。汽车市场的繁荣也会随后而至，预计 2009 年第三、四季度汽车市场就会开始升温。汽车市场新的时代可能由此开始，中国的汽车制造业将在世界汽车市场上占据更加重要的位置，发达国家的汽车制造业会持续萎缩。中国未来可能会成为汽车出口大国，直接面临与日本、韩国的竞争。

**汽车与百姓生活**

在我们小的时候，汽车，无论是什么品牌的汽车都会被认为是身份与地位的象征，尤其是在农村，要是出门工作的子女或者是远方的亲戚坐着一辆“小轿车”回来，就会被认为是“达官贵人，衣锦还乡”，从而成为人们茶余饭后的谈资。在今天，虽然如知名品牌的法拉利、保时捷依然只是部分人的专利，但是大众车型的确走向了大众。在今天，尤其是对于年轻人来说，汽车对于家庭的重要性几乎与住房相当。而且汽车与住房相比有一个显著的优点，就是便宜，的确，就是便宜。在今天，只要你有了一二十万，就可以顺利地拥有一辆大众型的爱车，而这些钱在很多城市，也许只够缴纳一套一般房屋的首付。如果你有了自己的私家车，你必须关注汽车业；如果你想拥有自己的私家车，你更应该关注汽车业；而如果你受够了众多私家车造成的道路拥堵和对环境的污染，你也只能关注私家车。

对于有车一族来说，最关心的问题莫过于油价了，2009 年基于燃油税改革基础上的油价肯定会比 2008 年的最高峰有一个较大的下降，因此 2009 年的油价应该不会成为这一类人的负担，买车容易养车难的困境至少不会在 2009 年出现。正如我们上文所提到的，2009 年的上半年将是汽车业最难过的时候，因此，如果你想买车的话，这时候也许是一个比较好的时机。另外，由于油价的限制以及国家环境保护相关法律的出台使得小排量的车成为热点，因此这一类汽车由于面临着较好的市场机遇，价格上可能会有所上涨。

## 四、纺织业——产业升级，正逢时宜

### 行业回顾

纺织业是一个关系国计民生的产业，因此也是一个永恒的产业。中国纺织业的发展历史悠久，曾是旧中国最主要的工业部门。改革开放 30 年来，中国纺织业取得了历史性的巨大成就。2007 年全国纺织企业实现工业总产值约 44000 亿元，占 GDP 的比重约为 17.84%，占世界纺织业总产值的 25% 左右；出口金额达 1756.16 亿美元，占全国外贸出口总值的 14.42%，占世界纺织品出口总值的 40% 左右。化纤、纱、布、呢绒、丝织品、服装等产量均居世界第一位，纺织业已经成为中国最具国际竞争力的行业。中国已经成为名副其实的纺织大国。在图3.5中，我们描绘了2000~2006年中国纺织业的全部国有及规模以上非国有工业企业的工业总产值及在工业总产值中的比重。从中我们还可以看出，纺织业占工业总产值的比重正呈现逐步下降的趋势。

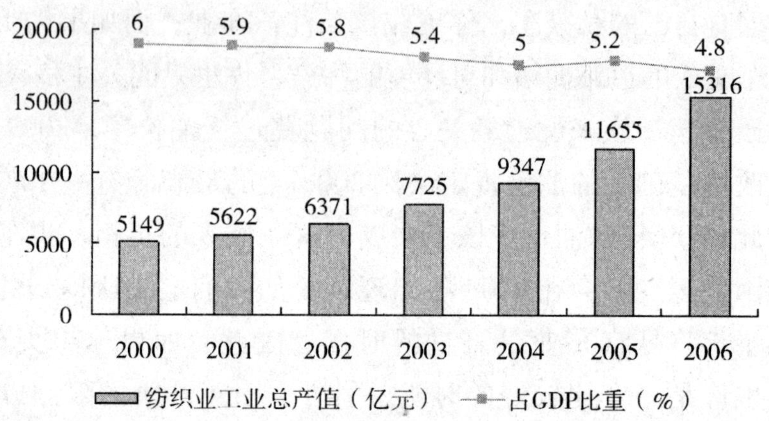


**图3.5　中国纺织业历年工业产值**

数据来源：中国统计年鉴2008

此外，中国的纺织业还有如下几个特点：首先，企业数量众多。纺织行业相对的进入门槛较低，有大量中小企业存在。2006年纺织业企业数量为25345个，是企业数量最多的行业。其次，该行业从业人数多，且超过一半为农村转移劳动力。由于纺织业属劳动密集型产业，吸纳了大量的非技术型劳动力。2006年纺织业全部从业人员年平均人数是615.43万，也是所有行业里人数最多的一个行业。最后，纺织业属于中国具有比较优势的产业，纺织品是中国最具代表性的出口商品之一。根据中国海关的统计，2007年全国纺织业实现贸易顺差1568.79亿美元，占全国贸易顺差总值的59.83%，由此可见纺织业在中国出口产品中的重要地位。

但是，纺织业同时也是一个高污染行业。2007年5月，国务院下发了《第一次全国污染源普查方案》，纺织业被列为重点污染行业。据国家环保总局统计，印染行业污水排放总量居全国制造业排放量的第5位。60%的行业污水排放也来自印染行业，且污染重、处理难度高、废水的回用率低。在生产过程中，有些产品大量使用酸和碱，最终产生硫黄、硫酸、硫酸盐等有害物质，对环境造成严重污染；有些则所用溶剂、介质，对环境污染较为严重。化纤生产污染环境的另一种表现是化纤产品本身的不可降解性，特别是合成纤维，其废弃物回收成本高，燃烧后污染空气；废弃后不易降解，造成土壤环境恶化。另外，毛麻丝行业的前处理过程也是行业污水排放的重点。在能源消耗方面，纺织机械、化纤机械电力消耗十分突出。化纤行业总耗能比国外先进水平高10%~30%。

因此，纺织业在中国既是传统产业，也是优势产业，为国民经济作出了巨大的贡献。同时，纺织业也是一个高耗能高污染的行业，属于低端产业。

### 新的形势

#### 1. 人民币升值使纺织企业出口面临压力

2005年7月21日，中国人民银行发布公告称，人民币放弃挂钩美元，并参考一揽子货币进行调节，实行有管理的浮动汇率制度，至此人民币开始了它的升值之路。人民币汇率改革以来，纺织行业由于出口依存度较大、平均利润率低等特点，一直被视为受升值影响最大的行业。有关人士表明，人民币每升值1%，棉纺织业的利润指数约下降12%，毛纺织业下降8%。根据《上海证券报》2008年7月17日的报道，“多家浙江宁波地区纺织企业负责人表示，相对于劳动力成本上升、出口退税下调等因素，人民币持续升值对出口带来的压力更大、影响更深远，人民币持续升值已经成了当前令出口企业谈之色变的最大利空因素。”2007年我国的纺织品出口总额为605.43亿美元，增长15.86%，出口增速自2003年以来首次跌至20%以下，出口减速的迹象明显。图3.6显示了2006~2008三年里1~9月各月份纺织品出口的同比增长率。从图3.6中我们可以看出2007年各月的同比增长率较2006年明显下降，而2008年则高于2006年，这可能是由于2007年增长偏低，基数的减小推高了2008年的同比增长率。进一步，我们可以从图3.7看出，2008年2~9月各月份的环比增长率整体上低于2006年。

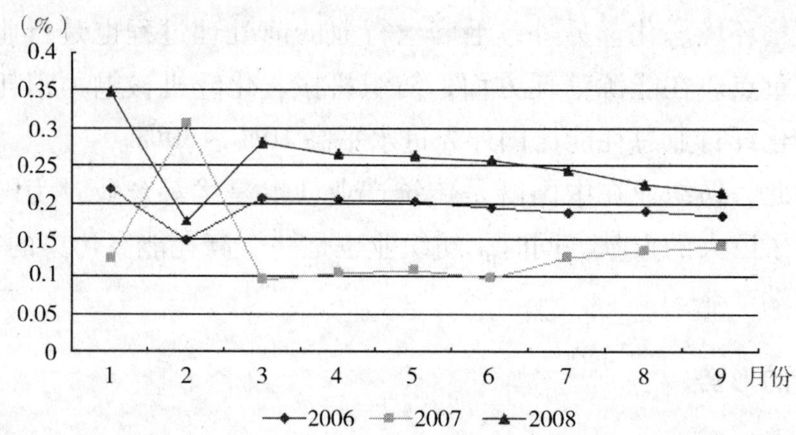


**图3.6　2006~2008各年1~9月纺织品出口同比增长率**

数据来源：中国商务部网站

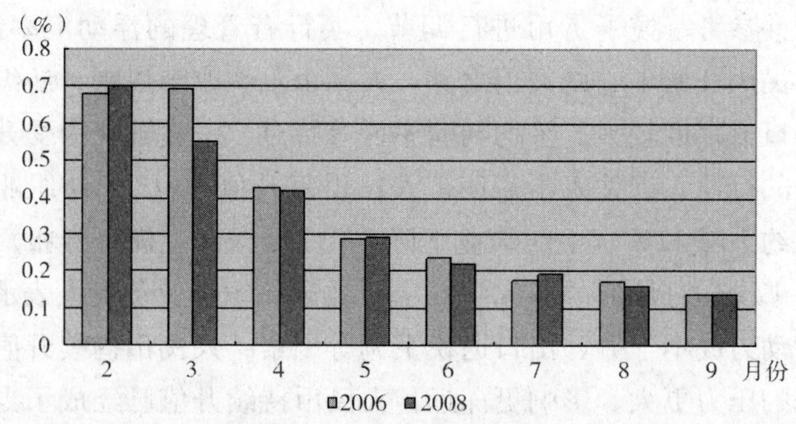


**图3.7　2006、2008年2~9月纺织品出口环比增长率**

数据来源：中国商务部网站

### 2. 部分地区纺织业的转移

东部沿海地区一直是中国的重要纺织省份，但是近年来，受产业区域结构调整持续推进、人民币升值、综合要素成本上涨压力不断加大等因素的影响，东部纺织企业的投资活跃度明显不足，投资步伐不断放缓。

据统计，2007 年 9 月至 2008 年 8 月，从区域分布来看，我国中部地区棉纺与纺织服装制造业固定资产投资增速居全国之首；西部地区纺织业投资增速高达 83.55%；而东南沿海棉纺织固定资产投资为负增长，纺织服装制造业增速仅为 1.24%。山东省纺织、棉纺和纺织服装制造三项投资均为负增长，其中，棉纺织业固定资产投资同比下降 30% 以上。

### 3. 全球经济危机对中国纺织业的影响分析

从 2007 年开始的美国次级贷款危机来势凶猛，引发了大半个地球的剧烈动荡。不仅美国经济增速逐步放缓，甚至全球对 2008 年的经济增长预期都纷纷调低，国际纺织品的消费市场严重疲软。理论上讲，美国经济增长每降低 1 个百分点，相应进口就会降低 1.65 个百分点，因此美国消费下降将直接导致进口商品的需求下降；相应地，美国贸易保护壁垒的加大，会削弱中国纺织出口商品的国际竞争力；同时，受美国经济拖累，欧盟、日本的商品进口需求也会下降。尤其最后一点，极大地影响了中国纺织业的外贸出口。

据美国商务部纺织品服装办公室（OTEXA）的数据显示，2008 年第一季度，美国进口中国纺织品、服装数量同比分别减少 1.68% 和 7.74%。

在需求大幅萎缩的情况下，中国的纺织企业经受了巨大的打击，许多纺织企业出现亏损。目前，规模以上纺织行业亏损面超过 20%，多数企业面临严重困难。

### 4. 纺织企业遇困境影响到棉花收购

受全球经济危机影响，中国纺织业出口萎缩，进而影响到棉花收购市场。比如，据山东省棉花协会调查，德州地区到2008年10月底收购量仅占产量的25%左右，而往年的比例在40%以上；菏泽地区情况更严重，到10月底绝大部分收购企业还没有开工，许多已开工的企业也是收收停停，因为价格一直在跌。武城、惠民、嘉祥等地籽棉最初收购价格为3元/斤，近日收购价格跌落到2.4元/斤左右，有的甚至在2.3元/斤以下。而去年价格基本稳定在3元/斤左右。武城等地的棉农感叹："这个价格连成本也不够，还不如种粮食。"

### 5. 纺织企业倒闭的两个案例

2008年10月7日，全国最大的印染企业——浙江江龙控股集团破产倒闭。其在新加坡上市的"中国印染"于新加坡当地时间10月8日14点20分被暂停交易。江龙控股是一家集研发、生产、加工和销售于一体的大型印染企业，旗下有浙江南方科技有限公司、浙江江龙纺织印染有限公司等多家企业。仅其子公司江龙印染2005年销售额就为6亿元人民币，净利润达到7000万元。据称，江龙集团的债务高达20亿元，其中大部分为银行贷款和民间借贷。

2008年10月11日，浙江媒体都在首要位置报道了浙江绍兴最大的民营企业——浙江华联三鑫集团破产倒闭的消息。"华联三鑫"拥有亚洲最大、世界第二的PTA（一种用于制造涤纶的化工产品）生产基地，其股东包括著名上市公司"华联控股"和"华西村"，资产总规模为110亿元。其另外两个股东则是绍兴当地的著名企业展望集团和加佰利集团，它们都是绍兴最大的企业之一。其中，展望集团旗下的"展望股份"和加佰利集团旗下的"永隆实业"都是香港上市公司。据华联三鑫上报给政府的材料称，其债务缺口高达

72.82 亿元，除涉及国内数十家企业外，还牵涉十余家国内商业银行。

**国家政策及纺织业的未来**

由于纺织业从业人员数量大，中国政府从今年以来采取了一些措施来提振纺织业。鉴于纺织行业出口增速下降明显，国家 2008 年连续两次上调纺织品、服装出口退税率，先是 8 月 1 日起将部分纺织品、服装出口退税率由 11% 提高到 13%，接着从 11 月 1 日起，再次提高到 14%。中国纺织工业协会新闻发言人孙淮滨在 11 月 10 日接受采访时说，出口退税率分两次上调 3 个百分点，可使纺织出口企业在年内减亏 80 亿元人民币左右，能够对冲一小部分今年以来国际市场需求疲软和人民币升值带来的出口损失。

此外，国务院总理温家宝 11 月 5 日主持召开国务院常务会议，决定实行积极的财政政策和适度宽松的货币政策，出台更加有力的扩大国内需求措施。会议出台的十项措施虽然并非直接针对纺织行业，但随着各项政策和投资的落实，必然拉动国内需求增长，对纺织品需求增长也必然产生拉动作用。今年我国政府对于专项资金安排的最大特点是紧扣我国当前的经济发展形势，针对我国中小企业面临的突出问题，把出口困难大、中小企业多的纺织行业和汶川地震重灾区中小企业作为专项资金的支持重点。

12 月 14 日召开的全国发展改革会议列出了九大支柱产业[①]，纺织业赫然在列。对这九大产业国家将给予大力支持，予以编制并组织实施振兴规划。这次会议结束后，应该会有一系列具体的扶持政策出台。

上述措施对于中国的纺织业必将起到扶持作用，但毕竟不能从

① 这九大支柱产业包括：钢铁、汽车、造船、石化、轻工、纺织、有色金属、装备制造、电子信息。

根本上解决纺织业的困境。下面我们从更长远的视角分析纺织业应该怎样面对目前与未来的挑战。

（1）纺织业应从自身做起，切实执行国家环保等法规，实现纺织服装业的可持续性发展。从 2005 年 1 月 1 日起，各国取消了纺织品服装进口配额，全球纺织品服装贸易进入了零配额时代。配额取消后，国外的社会责任标准，如纺织品安全性的生态环保标准和超标排污标准成为阻碍中国纺织服装出口的突出问题。

2005 年 1 月 1 日起实施的国家强制性标准《国家纺织产品基本安全技术规范》对纺织品基本安全作出了新的规定，从源头上为消费者把起健康安全“着装关”。而对于服装企业来讲，特别是对新入行的企业来说，这个技术规范无疑给它们套上了一个“紧箍咒”。

新标准将纺织产品分为婴儿类、直接接触皮肤类、不直接接触皮肤类三种。标准不仅规定了纺织品中甲醛含量的限量要求，同时对禁用偶氮染料、pH 值、色牢度和异味等也作了规定。并首次将纺织品毒物测试列入产品检测标准中，明确规定服装纺织面料不得含有致人体病变、癌变的有毒物质。

显然，对这种导致人体病变、癌变的有毒物质的处理及排污超标的处理将增加相应的成本，这也意味着抬高了进入纺织服装行业的门槛，从质上和量上加以一定程度的抑制。

纺织品服装生产加工企业应认真学习掌握新标准的规定和要求，确保产品符合新标准要求。

（2）加快纺织产业升级，调整和优化我国出口纺织品结构。国内纺织业应当重视结构升级问题。经过多年发展，国内纺织业已经具备了一定的实力，有条件在技术、品牌等方面更上一个层次。

要改变中国纺织服装行业粗放型的出口模式，改变单纯的价格竞争战略，必须增加出口产品附加值和科技含量高的产品，避免陷入“量增价跌”的不利局面，努力瞄准先进技术、面料、设计和制造工艺，全面提升档次，从而加快纺织产业的升级，调整和优化我国出口纺织品结构。

（3）加强行业管理，提升品质品牌，培育我国纺织品出口的“国家队”，并加快“走出去”的步伐。2004年1～5月，美国产纺织品和服装数量仅占市场全部销售量的3.4%，金额却占了22.7%，美欧纺织品服装市场格局和后配额时代的严峻形势已表明，低附加值出口之路将越走越窄。如果没有品质，企业就没有参与市场竞争的资格，而所谓的品质已不仅仅指的是加工工艺水平能够和国际同步，它还包括很多内容，比如面料色牢度就有日晒色牢度、汗渍色牢度、摩擦色牢度等，而品质还有一个重要的方面就是服务，包括市场服务、售后服务等。品牌则在现代市场中的作用更大，名牌发展战略应当成为我国纺织企业今后的长期战略。

后配额时代将使国内服装业所谓的低成本优势面临前所未有的压力。比如，欧盟目前普遍要求我国企业执行的SA8000社会标准就是一道新的门槛，它带来的直接结果是10%～30%的生产成本的刚性增长，而只有提高产品的技术含量和品牌含量，才能消化这一成本的支出。因此，唯一的出路就是大力发展精品服装，以高档次、高技术、高附加值为取向，逐步淘汰低档产品，进一步强化品牌优势。

政府应在资本市场运作和境外融资方面提供政策性支持，鼓励国内优势纺织工贸企业重组和跨国并购，与国际纺织业跨国公司和全球采购集团建立战略联盟，按照规模化、国际化经营模式，逐步形成一批能直接进入国际市场一线、具有自己的名牌产品的国际性企业集团，使之成为我国纺织品出口的主力军。

同时，国内纺织业应加快“走出去”的步伐，把一些技术含量相对较低的纺织品生产逐步向外转移。这样，不仅能提升自身产业水平，还能为其他发展中国家尤其是一些最不发达国家的纺织业腾出空间，减少我们与他们的竞争性，增强合作性、互补性。

按照国家支持企业到境外发展加工贸易的各项政策，鼓励有实力的纺织企业“走出去”，到中南美、中东、东欧及俄罗斯、非洲、南亚建立纺织生产加工基地，到纺织服装业发展潜力较大的国家和地区去投资兴业，让更多中国品牌的产品在国外生产销售。这样贸易摩擦就会减少，企业就会有稳定的市场和利润来源。

**纺织业与百姓生活**

随着人类社会的发展，服饰从原来御寒的遮蔽物逐渐具有文化意义和美学意义，作为最为基本的生活必需品，我们对其价格和质量的追求一直都是确定的：物美价廉。

从“物美”方面讲，纺织品的质量涉及纺织品的原料和制作技术工艺。2008 年我国的棉毛产量基本稳定，优质棉毛供应基本上变化不大，原料质量的提高从短期来讲很难有实现的可能，这有待于农业的整体科技含量的提高，用通俗的话说，就是要提高单位面积的产量，或新的优良品种的培育。制作工艺的提高却是目前可能也应该采取的提高纺织业整体生产力的一个有效途径。

目前的由美国次贷危机引起的普遍性的经济衰退，对于我国的纺织业来讲既是挑战也是机遇。一方面，我国纺织业出口比重一向很高，世界性的经济衰退，对中国纺织品出口的冲击很大，大量订单被取消，纺织业整体萧条，纺织工人待业家中，对社会造成很大压力；另一方面，我国目前的纺织业在国际竞争中主要以“价廉”取胜，在高档棉毛织品方面力量薄弱，经济危机爆发后中央和地方先后投资约 4000 亿元，预计纺织业可以利用此次机会进行产业结构调整，引进先进的生产设备，提高生产加工工艺，形成具有竞争力的高档自主品牌。

从“价廉”方面讲，我们知道构成价格的一个重要的部分是产品的成本，成本的构成可以分解为：劳动力的成本，原料价格，设计成本。纺织业中原料成本一直是影响纺织品价格的重要因素，比重甚至可达 70%。2008 年的金融风暴，目前在我国造成的整体性影响是产品价格降低，其中自然包括原料价格，纺织业由于原料价格（例如，原油，电力，棉毛等）下降，加工后的成品价格自然也会降低。另外，我国纺织业的劳动力价格一直都是比较低廉的，虽然近几年纺织业的劳动力成本面临增加的压力，但今年由于出口减少，生产规模的缩减可能引起的裁员更是纺织业面临的困境。设计成本在纺织品成本中比重会有所增加，但是短期内大幅增加的可能性也极小。所以从成本构成上分析，中国纺织品价格应该是走低的。

另外，由于纺织产品出口量下降，投入国内的产品自然增多，对老百姓而言，他们选择的机会更大，衣服、家居纺织品的质量也会带给我们一些惊喜。我们看到的将是服装和家纺的价格下降，纺织品零售业的促销机会增多，因此2009年我们也许可以多添置一些自己的衣服，把自己打扮得更漂亮帅气一点。

## 五、家电业——“过冬”当需另辟蹊径

### 从三大件说开去

在20世纪六七十年代，我国还处于计划经济体制下，物资十分短缺。当时年轻人结婚时风光体面的事就是拥有“三大件”，即手表、自行车和缝纫机。20世纪80年代以来，改革开放带来了翻天覆地的变化，人民的生活水平有了很大的提高，以往的三大件已远远不能满足人们的需要，而是成了很多人的回忆。结婚三大件又有了新的内容，即彩电、冰箱和洗衣机。到了现在，人们已不再满足于拥有彩电、冰箱、洗衣机这三大件，空调、音响、电脑、电热水器等以前属于奢侈类的产品越来越多地进入寻常百姓家。三大件的变迁体现出老百姓生活水平的提高，从中我们也可以看出人们对生活质量的追求以及家电的重要性。

上面的彩电、冰箱、洗衣机、空调等，都属于家电。家电的作用就是给人的生活带来方便，减少人力，或者带来娱乐，它包含多种产品，大到冰箱、洗衣机，小到电饭锅、电吹风。国外把家电分为3类：白色家电、黑色家电和米色家电。白色家电最早是指白色的家电产品，早期的冰箱和洗衣机由于内置的发动机体积较大，要保证电器的实际内容积足够使用，必须将产品制造得很大，白颜色的外壳可以使机器本身看起来扁平一些，不那么突兀，同时白颜色也可以有效地阻止机器内部能量的散失。现在白色家电产品是指减轻人们劳动强度的产品（如洗衣机、部分厨房电器）和改善生活环境提高物质生活水平的产品（如空调器、电冰箱等）。从本质上讲，白色家电更多的是通过电机将电能转换为热能、动能进行工作的家电产品。黑色家电是指可提供娱乐的产品，比如，DVD播放机、彩电、音响、游戏机、摄像机、照相机、电视游戏机、家庭影院、电话、电话应答机等。从其技术本身来讲，黑色家电更多的是通过电子元器件、电路板等将电能转化为声音、图像或者其他能够给人们的感官神经带来享受的产品。米色家电是指电脑信息产品，通常人们用的笔记本电脑、MP3等都属于米色家电。由于米色家电与IT业联系紧密，本书的家电主要指白色和黑色家电。

家用电器和人们的生活密切相关，有助于人们提高生活水平。在国家统计核算中，家庭设备用品是八种居民生活消费支出项目之一，而家电是家庭设备用品的重要内容。

**表3.2　近年来我国城市居民家电每百户拥有率**

| | 2001年 | 2002年 | 2003年 | 2004年 | 2005年 | 2006年 | 2007年 |
|---|---|---|---|---|---|---|---|
| 彩色电视机（台） | 120.5 | 126.4 | 130.5 | 133.4 | 134.8 | 137.4 | 137.8 |
| 洗衣机（台） | 92.2 | 92.9 | 94.4 | 95.9 | 95.5 | 96.8 | 96.8 |
| 电冰箱（台） | 81.9 | 87.4 | 88.7 | 90.2 | 90.7 | 91.8 | 95 |
| 空调机（台） | 35.8 | 51.1 | 61.8 | 69.8 | 80.7 | 87.8 | 95.1 |

续表

| | 2001 年 | 2002 年 | 2003 年 | 2004 年 | 2005 年 | 2006 年 | 2007 年 |
|---|---|---|---|---|---|---|---|
| 家用电脑（台） | 13.3 | 20.6 | 27.8 | 33.1 | 41.5 | 47.2 | 53.8 |
| 移动电话（部） | 34 | 62.9 | 90.1 | 111.4 | 137 | 152.9 | 165.2 |

数据来源：中国统计年鉴 2008

**表 3.3　近年来我国农村居民家电每百户拥有率**

| | 2001 年 | 2002 年 | 2003 年 | 2004 年 | 2005 年 | 2006 年 | 2007 年 |
|---|---|---|---|---|---|---|---|
| 彩色电视机（台） | 54.4 | 60.5 | 67.8 | 75.1 | 84.1 | 89.4 | 94.4 |
| 洗衣机（台） | 29.9 | 31.8 | 34.3 | 37.3 | 40.2 | 43 | 45.9 |
| 电冰箱（台） | 13.6 | 14.8 | 15.9 | 17.8 | 20.1 | 22.5 | 26.1 |
| 空调机（台） | 1.7 | 2.3 | 3.5 | 4.7 | 6.4 | 7.3 | 8.5 |
| 家用电脑（台） | 0.7 | 1.1 | 1.4 | 1.9 | 2.1 | 2.7 | 3.7 |
| 移动电话（部） | 8.1 | 13.7 | 23.7 | 34.7 | 50.2 | 62.1 | 77.8 |

数据来源：中国统计年鉴 2008

从以上两个表可以看出，无论在城市还是在农村，彩电、洗衣机、电冰箱等主要家电的普及率都在逐年提高。有两个原因可以解释这一现象：居民的收入水平在逐年提高。以年人均总收入来计算，城市居民 2000 年为 6295 元，2007 年为 14908 元，在七年之内翻了一番还要多；农村居民 2000 年为 3146 元，2007 年为 5791 元，增加了将近一倍，农村居民越来越多地进入了小康生活水平。居民收入增加了，他们的购买能力也相应地有了提高。以前没有钱去买各种电器，现在有钱了，就能买了。家电普及率高的第二个原因就是家电的价格总的来说在这几年是下降的。以往几千元的彩色电视机现在一千多元甚至几百元就可以买到，笔记本电脑也由上万元降到了几千元。

当然，高端产品还是存在的，这里所说的价格下降也是相对而言的。家电产品多样化，出现了许多价格低廉、老百姓能够承受的产品种类。家电产品多样化的一个重要原因，就是我国目前城市和农村市场存在差异，因此生产企业需要采取不同的占领市场的定价策略。从上面两个表可以看出，我国城市和农村家电市场是不同的，城市居民各种家用电器的拥有率远远高于农村居民，这说明我国农村家电需求市场潜力巨大。

家用电器已成为现代家庭生活中的必需品，随着人们生活水平的不断提高，消费者期望着更多、更好、更人性化，采用新科技、功能更完善、操作更方便、与生活环境更协调、更环保健康的家电新产品，家电行业无疑是常青行业。

**我国家电业的现状和目前的困境**

中国的家电业是在20世纪70年代末期靠从国外引进生产线而发展起来的，经过30多年的迅猛发展，整个家电行业已经形成了一种相对稳定的格局，基本上都是几个大企业处于领先地位，但并不是完全垄断，很多中小企业也在消费者中树立了各自的品牌价值。这些企业中，生产彩电的有康佳、海信、长虹、TCL等，生产电冰箱的有海尔、美菱、新飞、美的等，生产洗衣机的有海尔、小天鹅等，生产空调的有格力、美的、海尔等。这些品牌企业不仅在国内市场上占有较大份额，还走出了国门，有的还在全球处于前列。除了本土企业，一些外资家电企业随着我国改革开放相继涌入中国并占据了相应的市场位置，如东芝、三星、松下、LG、西门子等知名品牌家电企业。许多家电企业不只生产一种家电，而是采取了多元化的发展战略，以减少企业的风险。

目前，我国是世界上最大的家电生产国和出口国，彩电、冰箱、洗衣机、手机产量均居世界第一位。

表 3.4　2008 年 1～10 月中国家电产量

| 产品类型 | 2008 年 1～10 月完成产量（万个） | 与去年同期比较增长（%） |
|---|---|---|
| 家用洗衣机 | 3410 | 13.9 |
| 家用吸尘器 | 5265 | -12.7 |
| 家用电冰箱 | 4001 | 3.5 |
| 冰柜 | 1008 | 0.4 |
| 家用电风扇 | 12100 | -8.1 |
| 空调 | 7510 | -0.5 |
| 抽油烟机 | 1330 | 31.8 |
| 电热水器 | 1334 | 9.1 |
| 微波炉 | 5401 | 2.2 |
| 电饭锅 | 10051 | 16.6 |
| 家用电热烘烤器 | 14505 | 11.6 |
| 电冷热饮水机 | 835 | 1.8 |

数据来源：工业和信息化部

2008 年，由于美国次贷危机、人民币升值以及出口退税下调等因素，占我国家电总销售额比重较大的出口部分受到影响，导致家电行业出口增速下滑。2008 年 11 月份，中国国家统计局中国经济景气监测中心和北京中怡康时代市场研究有限公司首次发布监测报告，中国家电行业景气指数持续回落，预警指数不断下降，中国家电行业将面临巨大考验，家电业的冬天来了。国外出口需求严重下滑，许多企业在这个形势之下都收缩了阵地，转而依靠国内需求来维持。

### 家电企业困境之中的机遇

在西方经济学中，微观经济活动的两个基本决策单位是厂商和家庭。它们在市场中扮演着两个不同的角色，一般来说，厂商是生产者，家庭是消费者。厂商利用各种生产要素生产出产品，这些产品能够给消费者带来愉悦或者满足，是消费者所需要的。在市场中，生产成本和商品价格是决定企业生产和供给商品量的重要决定因素，消费者的收入和商品价格是决定商品需求量的重要因素。在当前的经济形势和政策引导下，有两个因素可能给家电行业带来机遇，这两个因素分别来自企业和消费者。

1. 成本方面

生产成本中一个重要项目就是原材料成本，它直接影响着制造产品的总成本和销售价格。进入2008年，由于国内外经济形势的变化，主要原材料价格呈下降趋势。制造家电所需材料主要是铜、铝等。截至2008年11月，铜现货均价为59998元/吨，2007年均价为62606元/吨；铝现货均价为17905元/吨，2007年均价为19470元/吨。

虽然整体经济形势的下滑会带来产品价格的下降，但与此同时原材料的价格也在下降，这就会降低家电生产企业的上游压力。

2. 需求方面

单从农村居民的需求来看，市场前景是好的。农民收入近年来是逐年增加的，农民收入增加的一个重要来源就是外出务工收入增加了。农村剩余劳动力向城市转移，在城市打工，向家乡汇款。另外，在外打工，他们的生活观念和消费观念受到城市化的影响，愿意购买各种家电。收入增加的另外一个原因就是国家对三农的扶持力度增大，减轻了农民负担，取消了农业税，对种粮农民进行补贴，实行“两免一补”免除农村孩子义务教育的学杂费。

农民收入增加的趋势不会因为今年的经济形势而改变。并且，近期国务院为进一步扩大内需促进经济平稳增长，提出了10项举措，并规划到2010年底投资4万亿元，这些举措更有利于农民增收。仔细阅读这10项举措，大都离不开拉动内需，离不开大众民生，离不开增加人民尤其是低收入者的收入。收入水平直接影响消费水平，收入提高了，人民就有能力购买各种商品和服务。

和农民收入增加对家电产品的购买力提高相呼应的是家电下乡政策。收入提高只是说明对家电的潜在需求提高了，家电下乡则是实实在在地刺激农村居民购买家电。为了贯彻落实国务院关于促进家电下乡的指示精神，财政部、商务部在反复调查研究的基础上，提出了财政补贴促进家电下乡的政策思路。为稳妥推进，自 2007 年 12 月起在山东、河南、四川、青岛三省一市进行了家电下乡试点，对彩电、冰箱（含冰柜）、手机三大类产品给予产品销售价格 13% 的财政资金直补。从 2008 年 12 月 1 日起，山东、青岛、河南、四川、内蒙古、辽宁、大连、黑龙江、安徽、湖北、湖南、广西、重庆、陕西 14 个省、自治区、直辖市及计划单列市开始推广家电下乡。已经试点的山东、河南、四川、青岛三省一市，执行到 2011 年 11 月底。第二批试点的内蒙古、辽宁、大连、黑龙江、安徽、湖北、湖南、广西、重庆、陕西 10 个省区市从即日开始实施，执行到 2012 年 11 月底。其余 22 个省区市以及新疆生产建设兵团，从 2009 年 2 月 1 日开始实施，执行到 2013 年 1 月底。

根据国务院批准的推广方案，目前“家电下乡”的品种包括彩电、冰箱（含冰柜）、洗衣机和手机，按产品价格的 13% 给予财政资金补贴。推广方案将通过招标方式选择承担“家电下乡”任务的销售企业。销售企业的选择通过招标方式进行，有助于方案的顺利实施。同时，广阔有序的营销网络，也有助于为购买家电下乡补贴产品提供有力的售后支持。据测算，连续 4 年在全国农村对彩电、冰箱、洗衣机、手机四类农民需求量大的产品实施“家电下乡”，可实现家电下乡产品销售近 4.8 亿台，累计可拉动消费 9200 亿元。

在全国推广家电下乡，对农民购买家电实行财政补贴，是我国扩大内需尤其是挖掘农村消费市场潜力、缓解家电行业困境、确保经济平稳较快发展的一项重要措施。家电下乡是对消费环节的补贴，只有农民购买了家电才给补，可以直接拉动消费。事实证明，自

2007年12月1日起在山东、河南、四川三省及青岛市启动“家电下乡”试点以来，取得了明显成效。截至2008年10月底，三省一市共销售财政补贴“家电下乡”产品超过350万台。与去年同期相比，由于实施“家电下乡”，家电销售量增长幅度提高了30个百分点。

**家电企业前景预测**

随着社会环境和大众消费理念以及消费模式的变化，消费者对产品价格和品质的权衡尺度也将发生变化，低价不再是消费者首要考虑的因素，环保、节能、智能、资源节约等将逐步成为引导消费的主流趋势。在这些方面，大企业就占有明显的优势。目前，家电行业中规模大、产品市场占有率高的大企业所面临的机遇更大。这些企业可以有效利用上文所分析的成本下降以及需求因素增加等带来的机遇。

家电下乡并不意味着把在城市里卖不出去的家电拿到农村去卖，而是要根据农村市场消费者的需求，对目前的产品的部分功能、操作界面进行有针对性地改进。这就要求企业制造出适合农村需求的家电产品。

我国家电生产企业的销售渠道是多元化的。在大中型城市，家电连锁销售企业成为家电的主要销售渠道，而在农村等三四级市场上，由于家电连锁销售企业的网点还没有布局，家电企业的销售主要依赖自建品牌专卖店以及百货超市。具有家电下乡资格的大型家电企业，可以利用这次机会建立农村销售渠道，在农村创立品牌形象。我国农村有2亿多户家庭，具有较大的市场潜力。有能力的大企业应该利用家电下乡的良好机会进行农村市场的“圈地运动”。

但这并不是说和市场占有率高的大企业不在同一层次的中小企业就无法享受到4万亿带来的良机。家电下乡方案规定，承担家电下乡任务的生产企业可以按照规定以贴牌方式生产家电下乡产品，也就是说有家电下乡资格的生产企业可以委托中小企业代加工，这其实是给没有过硬品牌的中小家电生产企业创造了分享4万亿的机会。但是，总体来说，和大企业相比，中小企业在目前的市场形势下处境不妙。

在注意彩电、冰箱等大家电的同时，我们不能忽视小家电旺盛的生命力。从2008年1~10月份各类家电的增长情况可以看出，抽油烟机、电烤箱、微波炉等小家电在今年的经济形势下销售额不降反升。小家电生产企业应该借此时机提升自身品牌知名度，扩大市场占有率。

说到家电生产企业，就应该谈到和家电生产企业紧密联系的家电销售企业。目前，我国的家电连锁销售企业主要有国美和苏宁两家，这两家公司的家电销售占据了较大份额。但是，整体经济形势也影响到了这些销售企业的业绩。另外，由于和家电生产企业在定价和销售方面存在博弈，它们不可能成为家电企业的唯一销售商，许多大的百货公司、超市等也经营着家电产品，与这些家电销售巨头形成了竞争态势。在这种情况下，家电销售企业的策略应该是和生产企业合作，共同渡过难关。

2008年以及接下来的两三年时间将是家电业重新洗牌和检验企业生存能力的机会。经过这一番挑战，生存下来的家电企业必将迎来更加绚丽多彩的春天。

**老百姓的购物时机**

在金融危机下，家电生产企业和销售企业更加看重国内市场需求，老百姓拿出腰包里面的钱购买家电对企业来说无疑是一支强心剂。老百姓不仅看重家电的价格，还在意家电的质量、售后服务。接下来的这段时间企业会在家电的质量和售后服务上做足文章，因为他们要树立优秀的品牌形象，扩大国内市场，吸引消费者，借以渡过难关。消费者如果有足够的钱，大可以在这段时间去添置各种家用电器，以提高生活品质。对于农村消费者而言，更应该有效利用借助家电下乡给予补贴的时机。家电下乡招标的企业都是品牌较好，并且在农村市场的售后服务网点较多的企业，如彩电中有康佳、TCL、海信、长虹等；冰箱中有澳柯玛、美的、海尔、新飞等；洗衣机中有美的、海尔、小天鹅等。考虑到农村居民的收入情况，家电下乡对补贴产品设定了最高限价，彩电不超过2000元，冰箱不超过2500元，洗衣机不超过2000元，手机不超过1000元。将价格控制在一定范围内有利于补贴真正地被农村居民获得。城市居民虽然不能享受到家电下乡的好处，但是，可以利用家电在接下来的时期降价的机会，获得实惠，更新现有的家电，添置更高档的家用电器。

**结语**

全球经济衰退情况下我国家电业所受到的影响也很大。由于企业的产品、规模、发展战略等不同，所面临的风险以及应该采取的措施也有所不同。随着原材料成本价格的下降以及农村市场刺激性政策的出台，一直在市场上占据有利地位的大家电企业将会有机会平稳度过接下来这几年的非常时期，但是，也要对其经营方式、产品特征、售后服务等进行调整以适应农村市场的要求，在农村薄利多销，借此时机巩固农村销售渠道；在城市注重提升产品的科技含量，发展高端产品。中小企业面临巨大挑战，应该缩小战线，寻求兼并，或者以代工方式获得大企业的订单。小家电企业应在这个非常时期寻求突破。家电销售企业要加强与生产企业的协调和联系，共同渡过难关。老百姓可以利用家电下乡的机会购置家电，获得实惠。

## 六、金融业——寒流中孕育着暖阳

金融业作为国民经济中的一个重要行业，金融市场的稳定对经济的稳步发展有着不可估量的作用。此次美国的次贷危机最先就是在金融行业爆发，愈演愈烈，进一步传导到实体经济，最终引发全球金融危机。在这次危机中，除证券市场受到的冲击比较大外，银行及保险业的传统业务并没有受到很强烈的影响，以下就从这三个方面进行论述。

## 银行

### 1. 我国银行业发展现状

据初步统计，截至2008年9月末，我国银行业金融机构境内本外币资产总额为59.3万亿元人民币，比上年同期增长17.2%。

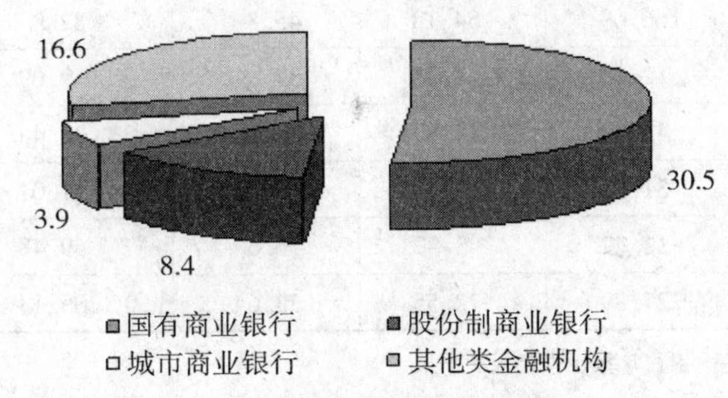


**图3.8 我国银行资产总额（万亿）**

数据来源：中国银监会

我国银行业在经过一系列改制后，经营效率和风险意识都有所提升，商业银行的不良贷款也得到有效控制，大部分银行资本充足率达到监管要求，但是银行之间的发展仍不平衡，仍然有些银行资本充足率不达标，因此当下我国银行业应尽快建立退出机制，对于不符合监管要求的银行限期整改，危及金融秩序的机构应该有序退出。

2. 上市商业银行发展状况

表 3.5 14 家上市商业银行利润及增长率 单位：亿元

| 银行名称 | 2008 年前三季度利润 | 第三季度利润 | 同比增长率（%） | 2007 年度利润 | 同比增长率（%） |
|---|---|---|---|---|---|
| 工商银行 | 930.77 | 281.98 | 24.31 | 823 | 64.9 |
| 中国建设银行 | 842.67 | 255.75 | 11.95 | 691.42 | 49.27 |
| 兴业银行 | 94.27 | 28.83 | 56.49 | 86 | 130 |
| 浦发银行 | 98.44 | 34.69 | 153.35 | 54.99 | 63.85 |
| 民生银行 | 86.37 | 25.97 | 100.29 | 63 | 26.9 |
| 招商银行 | 189.99 | 57.54 | 49.45 | 152.43 | 124.36 |
| 深发展 | 33.17 | 11.7 | 56.5 | 26.5 | 88 |
| 中国银行 | 592 | 171.63 | 18.44 | 562.48 | 31.33 |
| 中信银行 | 166.09 | 54.18 | 45.8 | 82.9 | 122.49 |
| 南京银行 | 12.13 | 4.25 | 87 | 9.09 | 52.95 |
| 北京银行 | 43.89 | 14.87 | 80.19 | 33.48 | 56.43 |
| 华夏银行 | 31.06 | 11.78 | 89.41 | 21.01 | 44.21 |
| 宁波银行 | 11.27 | 3.97 | 76.6 | 9.48 | 50.04 |
| 交通银行 | 227.89 | 72.55 | 23.64 | 205.13 | 63.52 |

数据来源：各大银行年报、半年报、季报

从表 3.5 中可以看出，伴随着我国经济的稳健发展，我国银行业正在经历一个高成长阶段，即使在全球金融危机及国内经济形势不利的2008 年，14 家上市商业银行也保持了较高的利润增长率。利差扩大、商业银行资产及贷款质量提高、有效税率大幅下降以及中间业务快速发展等有利因素，都大幅提升了我国银行业的盈利能力和综合竞争力。

3. 次贷危机对我国银行业的影响

次贷危机虽然对我国银行业的直接影响较小，但有些国内商业银行由于持有相关的次级债券，可能会产生较大损失。

中国工商银行持有美国次级住房贷款支持债券约占全部资产的0.14%；持有美国雷曼兄弟公司的相关债券面值约占本集团全部资产的0.01%；持有公司债务抵押债券约占集团全部资产的0.04%；持有与美国房地产按揭机构房地美和房利美有关的债券约占本集团全部资产的0.12%。

中国建设银行持有美国次级按揭贷款支持债券账面价值2.44亿美元；持有美国雷曼兄弟控股公司相关债券1.91亿美元；持有美国房利美公司和美国房地美公司相关债券账面价值15.12亿美元。

招商银行截至2008年9月底所持有的外币债券投资余额为35.22亿美元。

中国银行截至2008年6月末，投资于美国次级住房贷款抵押债券共计89.65亿美元，仅占其全部证券投资总额的3.51%。

中信银行截至2008年9月末持有外币债券总额37.94亿美元。

交通银行截至2008年9月末持有外币债券投资余额47.71亿美元，相当于本集团资产总额的1.30%。

从上面数据可以看出，各大银行都在一定程度上持有了国外的次级债券，虽然从表面看比例不大，但也肯定会对银行本身的经营产生比较大的影响。

4. 银行业的发展前景

截至2007年年末，已有33家境外机构投资入股25家中资银行，入股金额达213亿美元，平均锁定期为3~5年。在国际金融市场持续动荡的背景下，更多的国外金融机构把未来的增长预期放在了中国等新兴国家市场，从长远来看，这对国内的银行业是一个有力的冲击。另外，由于经济危机的影响，全球经济减速必将带来我国外贸减速，从而造成我国企业利润的下滑甚至经营困难，进而给银行信贷带来风险。但积极的财政政策和适度宽松的货币政策实施、贷款增长限制的取消、基建投资的贷款需求增加等，必将带来银行业资金成本的下降及贷款的增长。而增值税的转型，有利于降低商业银行的实际税负，有利于商业银行利润的提高。

5. 管好你的钱包

在经济不平稳的时候，一个很容易出现的事实是，在不经意间，大家都发现自己口袋里的钱变少了，银行里存折上的数字变小了。大家都很疑惑，是谁“偷”走了我们的钱？

其实原因很多，在金融危机已经成为一个既定事实的情况下，大量企业裁员减薪，工资少了；从 2007 年开始，2008 年上半年延续，并且至今还在影响着百姓生活的物价上涨也是一个罪魁祸首；出于政策的需要，银行多次降息，利息变少了；中国股市一落千丈，投资渠道少了；等等。所有这一切，造成的一个共同的结果就是大家的钱不够用了。因此，在经济不平稳的时候，管好我们自己的钱包是最重要的。

首先，我们得学会理财，钱是死的，流动起来就是活的。我们要善于在金融危机下寻找成功的机会，在本书里我们就提到过许多投资的机会，当然你可以根据自己的观察，利用自己的智慧和人际关系获得成功的机会。其次，对于不具有风险投资意识，或者说对风险厌恶的人来说，在当前情况下把钱放在银行里也许依然是一个比较好的选择，因为根据对价格走势和银行政策的分析，它至少不会过于贬值。最后，就是每个人都得学会合理消费。当然，如果你是出生在一个亿万富翁的家庭，你大可不必考虑这些问题，但问题是消费在普通人的支出中占据了相当大的比重。关于这一点，在市场上充斥着大量教人（尤其是女性）如何购物的书籍，如果有时间看一看，应该会对我们的合理消费有好处。但是合理消费最重要的一点应该是：根据自己的消费需求，量入为出。

## 证券

严格意义上说，证券市场包括股票市场和债券市场，由于债券市场主要是在企业及金融机构之间流动，所以本部分主要论述股票市场。

### 1. 我国股票市场的现状

2005 年 4 月，我国启动股权分置改革，旨在根除困扰我国股票市场多年的制度性缺陷。为了配合股权分置改革，中国证监会从 2005 年 6 月起暂停 A 股市场的首次公开发行和再融资。仅一年后，股权分置改革取得突破性进展，股票市场在 2006 年一改多年来的低迷状态，实现了恢复性上涨，上证指数在年末创下历史新高 2698 点。股票全年成交金额达到 90469 亿元的历史高峰，为 A 股市场恢复融资功能奠定了市场基础。2006 年 6 月起，股票市场融资功能全面恢复，全年股票市场筹资 2463.7 亿元，较历史上最高的 2000 年 1527.03 亿元股票筹资额还要高出 60% 以上。中国工商银行、中国银行、大秦铁路、中国国航、中国人寿等大市值公司成功实现 A 股发行上市。2007 年，我国股票市场在 2006 年基础上屡创新高，股票投资到了狂热的状态。股票二级市场的狂热直接促成了史无前例的股票发行规模。中国太保、中国平安、中国人寿、建设银行、中国铝业、中国神华、中国石油等一大批大型国有控股企业发行上市，同时，已上市公司也积极通过增发、配股或发行可转换债券筹集资金。全年股票筹资额高达 7728.17 亿元，较上年增加两倍有余，其中，首次公开发行筹资 4595.81 亿元，再融资 3132.36 亿元。

分析我国股市的发展可知，2006 年和 2007 年股票市场之所以出现阔别已久的大牛市，是各方面因素共同发挥作用的结果。首先，股权分置改革的基本完成消除了我国股票市场长期以来股权分置的制度性缺陷，彻底改变了股票市场的估值基础，从而扭转了A股市场被低估的局面，并带来显著的制度溢价。其次，以中国证监会为主的有关方面积极实施证券公司综合治理、推动上市公司质量提升、大力发展机构投资者、加强法规建设等举措，使得A股市场的运行环境出现了重大变化。再次，我国宏观经济延续了自2002年起的高速增长，上市公司业绩较大幅度上升，奠定了股票市场发展的基石。最后，人民币升值预期以及国际金融市场上流动性泛滥的局面也起到了推动作用。

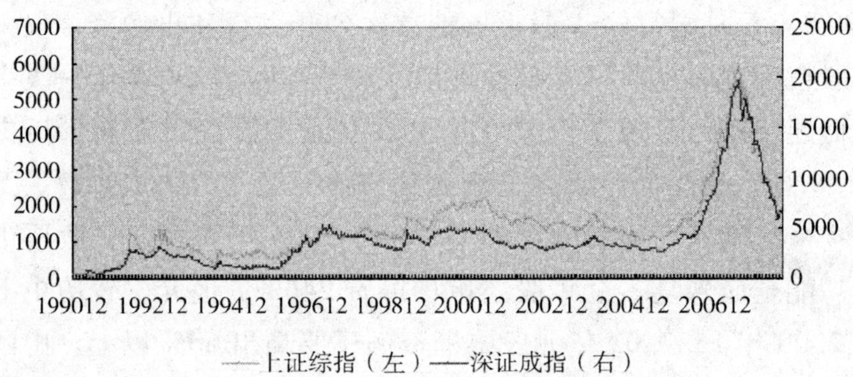


**图3.9　1990年12月~2008年11月股票价格指数**

资料来源：CCER数据库

然而，2007年年底尤其是进入2008年后，各种不确定性因素的急剧增加使A股市场经历了大幅度的调整，上证指数最低跌至1641点。第一，A股市场进入2007年后连续数月持续过快上涨，上证指数在2007年10月创下新高6124点后，估值存在向下调整的内在需要。第二，国内价格水平自2007年下半年起连续数月出现过快上涨的势头，由此实行的从紧货币政策增加了投资者对宏观经济形势和上市公司业绩增长的担忧。第三，股权分置改革后“大小非”减持以及部分上市公司巨额再融资事件等大大增加了股票市场的供给压力。第四，美国在2006年下半年爆发的次级抵押贷款危机在2007年愈演愈烈，并于2008年9月演变为全球金融风暴，迅速向实体经济蔓延，全球经济下行压力巨大，各国央行紧急救市。这些因素为世界经济前景带来极大的不确定性，也影响了我国投资者的信心。第五，我国进入2008年后先后出现南方雪灾和汶川大地震等重大自然灾害，对实体经济造成局部破坏，从而对股票市场带来一定程度的负面影响。

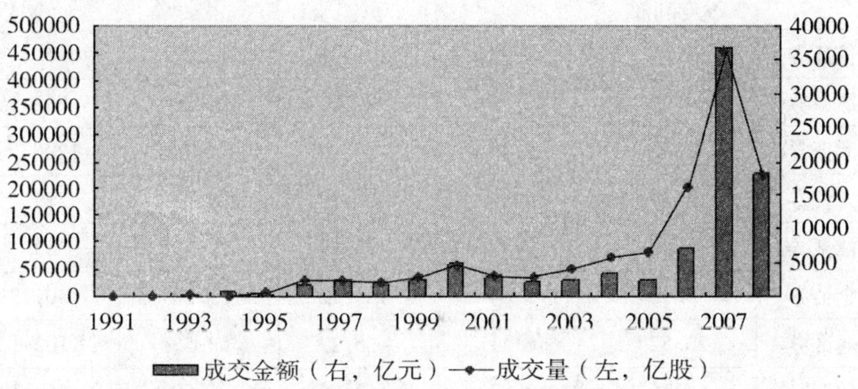


**图3.10 1991~2008年10月股票成交情况**

数据来源：中国证监会网站

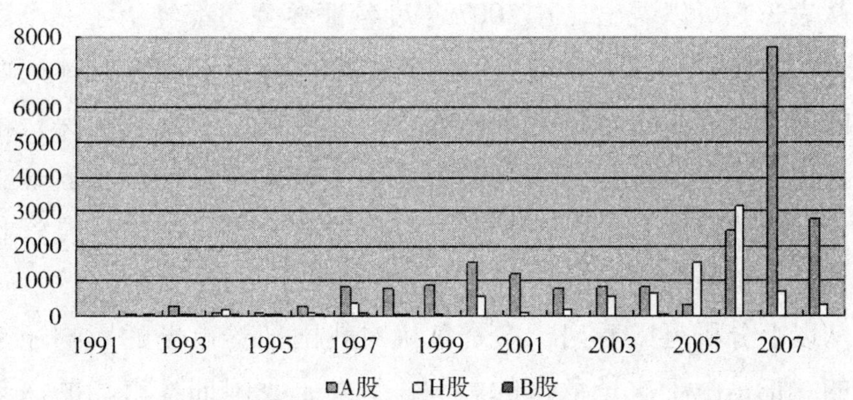


**图3.11 1991~2008年10月A股、B股、H股筹资额（亿元）**

数据来源：中宏经济数据库，中国证监会网站总而言之，自证券交易所成立近20年以来，我国股票市场虽然经历了多次波动，但股票发行与交易规模总体呈逐步发展壮大的趋势，保障了我国股票市场功能的逐步完善和有效发挥。然而由于近两年中国股市的大幅度变动，对普通的股民产生了相当大的影响。

2. 上市证券公司发展现状

表3.6　上市证券公司财务状况

| 公司名称 | 2008年前三季度利润 | 第三季度利润 | 同比增长率（%） | 2007年度利润 | 同比增长率（%） |
|---|---|---|---|---|---|
| 中信证券 | 58.97 | 11.28 | -29.48 | 123.9 | 409 |
| 宏源证券 | 4.26 | 0.75 | -92.09 | 20.38 | 538.26 |
| 东北证券 | 3.45 | 1.25 | -99.70 | 11.16 | 1206 |
| 国元证券 | 4.49 | 0.39 | -95.98 | 22.50 | 289 |
| 长江证券 | 6.80 | 0.46 | -95.40 | 23.59 | 353 |
| 国金证券 | 6.90 | 1.84 | 125.12 | 7.39 | 401.51 |
| 海通证券 | 26.52 | 6.41 | -35.27 | 53.53 | 1100 |
| 太平洋证券 | -5.36 | -0.88 | -153.06 | 6.09 | 361.79 |

数据来源：各上市证券公司2007年报及2008年三季度报

从表3.6可以看出，在2007年度各证券公司都经历了一个爆发式增长的阶段，利润大幅增加。然而，2008年度却完全是冰火两重天，除国金证券由于承销业务增长，从而使第三季度利润保持增长外，其他七家上市证券公司利润都经历了较大幅度的回落。这主要是由于国内股票市场的深刻调整，经纪业务交易量减少，投资收益减少及公允价值变动所致。

从以上分析可以看出，次贷危机对我国证券市场的影响还是相当大的。正是由于次贷危机的影响，引发了我国证券市场的深刻调整，使我国的证券市场进入了一轮低谷，证券公司的业绩也大受影响。

### 3. 我国的股市

由于受金融危机的影响，我国的股票市场经过调整进入了一个低谷，甚至存在调整过度的可能性。这主要是由于外围经济的形势不利局面降低了国内经济的预期，从而人们对股票市场的信心不足造成的。中国股市在成就了 2007 年众多富翁和证券业奇迹的时候，也在 2008 年成为了大量股民和证券公司心中的痛。中国股市从 6124 点的高位一路狂跌至 2000 点以下，股市低迷，而且未见强而有力的回暖信号，我们不禁要问，中国股市何时才能见底？

应该说，中国股市由于其本身的市场不完善以及存在政府干预的原因，不大可能降到一个非常低的低点（比如说上证指数 1500 以下）。另外，在国家出台经济刺激方案后，股票市场出现了回暖的迹象，上证指数出现了一定程度的回升。但由于外围恶劣的经济形势及国内经济下行压力的加大，未来股票市场必将是一个在调整中上升的形态，套用一句话来说叫做“螺旋式上升过程”。但是我们也应该看到，2007 年的中国股市是一个不正常的状态，我们很难想象中国股市能在较近的未来重现 2007 年的繁荣，根据对当今中国经济社会各方面的因素进行综合分析可以得出，中国股市在未来将稳定在 3000 ~ 4000 点。其实我们都知道，在中国股市上能挣钱的，一是靠运气（如广大股民 2007 年的运气），二是靠内幕信息（这个就不是我等平民百姓可以掌握的）。股评家的评论和推荐大多是不可信的，因为如果他们说的是正确的话他们自己早就发大财了，没必要每天在那里辛辛苦苦唾沫横飞地帮人荐股。但是如果你有少量闲钱，并且想熟悉一下中国股市的运行并稍微博一下运气的话，2009 年入股市应该算不上是一个很差的选择。

## 保险

### 保险业现状

截至2007年年底，我国保险公司已经达到了115家，保险公司的总资产超过3万亿元。从整个行业的表现来看，保险业在近年一直保持着比较强劲的增长趋势，即使是在2008年整个经济大环境表现比较差的情况下，我国保险业依然有比较好的表现。而且从保险资金直接投资A股市场来看，到2008年年底，作为一个整体保险行业的本金倒还没有发生损失，只是主要减少了投资的盈利。金融风暴对我国保险业的影响也许没有大多数人想象的那么大。

**表3.7　2008年1~10月保险业经营数据**　　单位：万元

| 项目名称 | 2008年1~10月 | 2007年1~10月 | 同比增长率（%） | 2007年全年 |
|---|---|---|---|---|
| 原保险保费收入 | 85544802.73 | 58354396.59 | 46.60 | 70357598.09 |
| 1. 财产险 | 20011971.28 | 16900882.19 | 18.41 | 19977363.42 |
| 2. 人身险 | 65532831.45 | 41453514.40 | 58.09 | 50380234.66 |
| （1）寿险 | 58588111.88 | 36712218.90 | 59.59 | 44637521.00 |
| （2）健康险 | 5159460.84 | 3091558.80 | 66.89 | 3841660.53 |
| （3）意外险 | 1785258.73 | 1649736.70 | 8.22 | 1901053.13 |
| 原保险赔付支出 | 24382383.76 | 17984268.04 | 35.58 | 22652149.38 |
| 1. 财产险 | 10936931.95 | 7768404.58 | 40.79 | 10204703.46 |
| 2. 人身险 | 13445451.81 | 10215863.47 | 31.61 | 12447445.92 |
| （1）寿险 | 11547654.36 | 8790717.15 | 31.36 | 10644498.66 |
| （2）健康险 | 1394548.34 | 919873.87 | 51.60 | 1168645.51 |
| （3）意外险 | 503249.12 | 505272.45 | -0.4 | 634301.75 |
| 业务管理费 | 8322646.13 | 7145262.50 | 16.48 | 9476193.44 |
| 银行存款 | 72271639.39 | 73319426.95 | -1.43 | 65162588.18 |
| 投资 | 216304255.05 | 189437607.68 | 14.18 | 202056853.78 |
| 资产总额 | 319388332.54 | 289487021.67 | 10.33 | 290039208.73 |

数据来源：中国保险监督管理委员会

（1）金融危机对我国保险业的影响。从表 3.8 可以看出，我国的上市保险公司与上市证券经历了大致一样的过程，从 2007 年的高速增长到 2008 年的利润下滑，甚至出现亏损。

**表 3.8　上市保险公司利润对比**

| 公司名称 | 2008 年前三季度利润 | 2008 年第三季度利润 | 2008 年第三季度利润同比增长率（%） | 2007 年度利润 | 2007 年度利润同比增长率（%） |
|---|---|---|---|---|---|
| 中国平安 | -7.05 | -78.07 | -315.9 | 155.81 | 107.9 |
| 中国太保 | 38.76 | -16.36 | -184.9 | 68.93 | 583.8 |
| 中国人寿 | 131.11 | 23.39 | -46.91 | 281.16 | 95 |

2008 年第三季度，国际金融市场动荡加剧，全球经济增长明显放缓，国内资本市场深度调整，在复杂和严峻的经营环境下，虽然各大保险公司各项主营业务发展尚算稳定，但是投资收益下降明显。

由于美国次贷危机愈演愈烈，多家大型金融机构陷于困境，濒临破产边缘。特别是进入 9 月之后，美国金融危机进一步加剧，并在很短的时间内演变成为一场百年不遇的全球性“金融海啸”，蔓延到整个欧洲大陆，欧洲各国大批金融机构受到严重冲击。以中国平安投资的富通集团为例，2008 年其股价大幅下跌，并且在前三季度出现亏损。

由于海外投资开放较晚等原因，我国保险公司基本没有持有美国资产支持类债券，也没有从事信用违约掉期等交易，因此基本没有受到次贷危机的负面影响。但由于次贷危机造成的全球金融市场动荡及我国证券市场的深度调整等，使我国保险业的投资收益受到极大的影响，尤其是海外投资部分，致使有些上市保险公司出现亏损。

然而从长远来看，我国经济将经历一个调整期，保险业将继续保持较高的增长率，且投资收益及公允价值变动及对可供出售金融资产减值准备的计提等造成的损失大部分都只是账面上的，一旦经济形势回暖，相关的损失有望回转。另外，我国的保险广度和深度都较少，存在极大的发展空间。因此，我国的保险业仍将保持一个较高的增长率。

（2）全民保险。保险业在中国的真正发展只有几十年的历史，由于中国保险业的经营模式是以保险代理人为主，并且国内许多保险公司在销售的时候花言巧语，而在赔偿的时候却极力推脱，致使保险在百姓中口碑颇为不好。在有些情况下，保险甚至成了骗钱的代名词。其实，保险业的真正发展需要靠全民保险意识的提高，当大家都觉得保险成为自己生活规避风险的一种必要时，就会主动去挑选适合自己的保险，而不是被保险代理人“骗”去购买自己并不需要的保险，然后就是再也不相信“卖保险的”。因此，保险业在中国要真正的发展壮大，还有很长的路要走。

然而，在当前中国保险对于个人的重要性却是不言而喻的，尤其是医疗保险。在百姓看不起病的情况下，医疗保险就变得相当重要，因为医疗保险的出发点本来就是用多数人的钱来挽救少数人。在发达国家，保险作为人身（当然包括财产等非人寿保险）安全的一种基本保障已经比较健全，而作为我国金融业第三大支柱的保险业亦会在 21 世纪不断发展壮大，可以说在中国 21 世纪的中后期，将是保险迅速发展的时期。而在大学开设的保险、精算等专业也会在社会上发挥着越来越重要的作用。

## 七、旅游业——风雨之后方见彩虹

### 产业现状

旅游业，被誉为无烟工业、朝阳产业，一般包括景点经营、旅行社和旅馆服务业、餐饮服务业、交通业、娱乐业和其他许许多多的经营行业。从经济和产业角度上讲，主要包括吃、住、行、游、购、娱等六大方面，而其主要的核心部门有旅游区（景点）、旅行社和宾馆饭店等三大部门。

旅游行业自改革开放以来发展迅速，在发展生产、便利居民消费方面发挥着越来越重要的作用，不仅有利于改善基础设施、优化产业结构、扩大知名度和市场营销力，还能提升文化实力、营造良好的人文氛围。近年来，旅游业在国民经济中占据越来越重要的地位，2007 年我国旅游业总收入达 1.09 万亿元，占 GDP 的 4.4% 以上。2007 年中国西部 12 个省区市旅游总收入占 GDP 比重已达 8.6%，旅游业已经成为西部地区具有后发优势的特色优势产业。根据世界旅游组织预测，到 2010 年，我国的旅游总收入占 GDP 的比例将达到 8%。

**表 3.9　2001～2007 年中国入境、国内旅游人数及收入统计**

| 指　标 | 2001 | 2002 | 2003 | 2004 | 2005 | 2006 | 2007 |
|---|---|---|---|---|---|---|---|
| 入境旅游人数（万人次） | 8901 | 9791 | 9166 | 10904 | 12029 | 12494 | 13187 |
| 国内旅游人数（亿人次） | 7.84 | 8.78 | 8.70 | 11.02 | 12.12 | 13.94 | 16.1 |
| 国际旅游（外汇）收入（亿美元） | 177.92 | 203.85 | 174.06 | 257.39 | 292.96 | 339.49 | 419.00 |
| 同比增长（%） |  | 14.6 | -15.4 | 47.4 | 13.8 | 15.9 | 23.2 |
| 国内旅游收入（亿元） | 3522 | 3879 | 3442 | 4711 | 5286 | 6230 | 7771 |
| 同比增长（%） |  | 10.1 | -11.2 | 36.9 | 12.2 | 17.9 | 24.8 |

资料来源：中国统计年鉴 2008

从市场范围分，我国旅游分为国内游、入境游和出境游（包括出国游及前往港澳台旅游）三大旅游市场。2008 年全国旅游工作会议表明，2007 年中国入境旅游人数达 1.32 亿人次，增长 5.5%，其中入境过夜旅游人数达 5472 万人次，增长 9.6%；旅游外汇收入达

419 亿美元，增长 23.5%；国内旅游人数达 16.1 亿人次，增长 15.5%；国内旅游收入达 7771 亿元，增长 24.7%。旅游业总收入首次突破 1 万亿元，达 1.09 万亿元，增长 22.6%；出境旅游达 4095 万人次，增长 18.6%。中国继续保持全球第四大入境旅游接待国、亚洲最大出境旅游客源国的地位。根据国家旅游局的最新研究，当前金融危机背景下国内旅游已经占整个中国旅游市场需求的 92%，国内旅游消费则占到旅游消费总量的 74%，旅游国内化的趋势已经相当明显。

**表 3.10　2007 年国内旅游基本情况**

| | 总人次数（亿人次） | 出游率①（%） | 总花费（亿元） | 人均花费（元） |
|---|---|---|---|---|
| 全国合计 | 16.10 | 122.5 | 7770.62 | 482.6 |
| 城镇居民 | 6.12 | 166.3 | 5550.39 | 906.9 |
| 农村居民 | 9.98 | 105.4 | 2220.23 | 222.5 |
| 第一季度 | 1.61 | 43.7 | 1357.94 | 846.0 |
| 第二季度 | 1.55 | 42.1 | 1349.28 | 871.3 |
| 第三季度 | 1.38 | 37.6 | 1346.04 | 973.7 |
| 第四季度 | 1.58 | 42.9 | 1497.13 | 948.3 |

资料来源：国家旅游局

2008 年我国旅游业发展喜忧参半。年初低温雨雪冰冻灾害，导致从港澳入境的游客大幅度下降，对湘赣皖苏沪浙等地旅游业造成了巨大损失，国家旅游局从旅游发展基金结余中拨付 2000 万元，支援湖南等 12 个省份抗雪救灾。2008 年 5 月 12 日起，四川、甘肃等地大地震，造成重大人员伤亡的同时，也重创了四川、甘肃等地旅游业。据有关专家估计，地震造成四川旅游业损失超过 600 亿元；造成公路、水运、旅游景点和其他基础设施等的破坏，将导致四川

① 出游率指城镇居民或农村居民出游的人次数占其人口数的比重。

旅游要花费约三年时间恢复到震前水平。奥运期间，北京等奥运会主办城市旅游由于安保、挤出效应等因素并未出现异常火爆的局面，反倒是在“十一”黄金周期间奥运场馆受到旅游者的热捧。

## 旅游业发展趋势

### 1. 短期、突发、阶段性的旅游危机事件影响逐渐消除

雨雪冰冻灾害、5·12汶川大地震、当前金融危机等都是短期、突发、阶段性的事件，对旅游业的影响也是暂时的。随着时间的推移，这些重大事件的不良影响会逐渐消除，使旅游产业重新回到快速发展的轨道。汲取我国旅游业应对亚洲金融危机的经验教训，为应对2008年金融危机对我国旅游业造成的不利影响，国家旅游局将采取一系列积极应对措施。为抑制旅游市场滑坡，中国旅游业一是加大对旅游基础设施、公共服务设施和乡村旅游的投入力度，加快地震灾区旅游恢复重建。二是继续大力开发国际市场，确保入境旅游不出现大的滑坡。三是进一步规范旅游市场秩序，保持从业人员队伍稳定。四是加强旅游业自身能力建设，增强旅游业抵御风险和应对突发事件的能力。与此同时，我国还将继续鼓励公民出国出境旅游。

在全球金融危机以及外币贬值的影响下，当前出境游价格普遍降低。2008年入境游一片萧条，1~10月前15位入境国家中仅有俄罗斯、马来西亚出现正增长，预计2008全年除了俄罗斯外，我国主要旅游客源国将出现负增长。全球金融危机导致国际旅游需求疲软，2009年、2010年我国入境旅游形势严峻。我国旅游业在应对入境旅游滑坡的形势下，建议革新国际旅游业创汇退税制度，调整市场促销策略，以备我国旅游业度过“寒冬”。

2. 高收入、节假日制度调整拉动旅游需求

按照国际经验，通常当一个国家人均 GDP 达到 1000 美元时，国内旅游开始兴旺，并进入到一个快速发展的轨道。当人均 GDP 达到 3000 美元时，将出现周边出国旅游的热潮。中国 2007 年人均 GDP 达到了 2490 美元，预计 2009 年有望突破 3000 美元，而且在长三角、珠三角、北京等大中城市和发达地区人均 GDP 早已超过了 3000 美元。经济收入水平上升提高了中国居民的消费能力，也夯实了整个社会经济体对旅游有效需求释放的基础。同时，2007 年年底开始的节假日制度调整以及今后带薪假日制度的全面实施将方便居民的旅游时间安排，有效释放我国居民的旅游需求。

3. 奥运、世博会等重大节日将带给中国旅游长远发展的拉大作用

奥运、世博会、北京国际车展、北京国际文化创意产业博览会等重大国际节日对我国旅游业发展影响是全方位的、深远的。比如昆明世博会就让世博园闻名遐迩，大大促进了昆明旅游业的发展。2008 年 9 月份开始的奥运场馆游给北京旅游注入了新的活力。当前世博会旅游营销是世博会推广的重头戏。一系列重大节庆活动的举办，将有力弥补经济下行趋势下旅游需求疲软的不足。

4. 政府政策大力支持旅游业的发展

旅游行业作为第三产业的龙头产业，是国家经济软实力的重要体现，国家旅游局将旅游业定位为我国的支柱产业之一。旅游业对其他很多行业有直接的带动作用，并且其带动系数在 3 倍以上。据预测，中国 2015 年旅游就业规模将增至 1 亿人。在中央层面，国家必将会在财政、就业、产业、区域政策等方面支持旅游行业的发展。为其持续快速发展提供强有力的保障并进一步创造良好的发展环境。旅游部门与国土、环保、建设园林、文化等相关部门加紧合作，共

同实现旅游行业的稳定发展。例如，2008 年由国家政府部门在全国范围内统一管理的“国家公园”项目开始起步，10 月 8 日，中国环境保护部和国家旅游局已批准建设中国第一个国家试点公园——黑龙江汤旺河国家公园，这是一次环保、旅游、文化部门合作的成果。此外，近年发布了《关于进一步促进旅游业发展的意见》、《促进旅游业就业意见》、《进一步发展红色旅游》、《重视非物质文化遗产和遗址旅游》等相关政策文件，国家旅游局即将推出国民休闲计划、生态旅游规划等，从法制角度、政策层面对旅游业的健康发展提供双重保障。

全国各省市也根据自身拥有的旅游资源发展具有地方特色的旅游景观，例如“三南”——海南、云南、河南：河南的历史文化、云南的民族风情、海南的自然风光代表了我国三大资源特色。部分省市还将旅游业列为本省的重点发展行业，例如河北省。同时，各地涌现了不少旅游发展先进模式：焦作模式、雅安模式、象山模式、栾川模式，这些模式的成功意味着旅游业无论是政府主导模式还是市场主导模式都具有宽广的发展前景。

5. 旅游趋向满足不同层次的需求

根据国际旅游发展规律，旅游的特征趋向于休闲和个性化，人们将在旅游中追求更高和更多元的文化品位。这将导致旅游业内部结构的自我调整：传统的观光旅游比重将逐渐降低，休闲度假游、生态旅游、农业旅游、工业旅游、探险旅游等新兴的形式所占比重将增加。为拉动国内旅游市场，国家相关部门制订的《国民休闲计划》有望在 2009 年出台，平时没有时间或者消费能力低的市民将成为直接的受益者。该计划将进一步落实带薪休假制度，采取具体措施倡导奖励旅游（针对优秀员工）、福利旅游（针对低收入群体，企业可把奖励旅游、福利旅游支出列入其经营成本）、修学旅游（针对学生群体）、银发旅游（针对离退休人员）等，引导国民休闲旅游沿着正常、安全、持续的方向发展。

旅游者休闲需求发展趋势，也导致旅游更具个性化。这将致使团队旅游比重下降，自驾游、驴行等散客旅游形式增多。同时，旅游者更加注重景观的文化特色和品位以及环境质量，将从发掘文化特色、提炼文化精髓、营造浓郁文化氛围、提升景区文化品位等方面对景区经营管理者提出严格的要求。

6. 旅游企业多元化经营的趋势

在旅游子行业中，酒店—景区—旅行社毛利润率呈递减趋势，近年来酒店业出租率呈下降趋势，景区方面主要依赖门票收入生存，门票收入占总收入一半以上，收入来源比较单一；2001 年以来我国旅行社行业的销售利润率降到 2% 以下，行业呈现过度竞争的局面。而从旅游类上市公司的发展模式可以看出，景区、旅行社、酒店、房地产、商贸、餐饮、索道等相关产业协同发展，是降低市场风险和经营风险的重要途径。近年来，华侨城的主题公园结合地产的模式，少林寺的武术、影视产业，峨眉山的雪芽茶叶产业，张艺谋的“印象系列”，迪斯尼的动画、电影产业与旅游产业相结合的模式给予旅游行业经营有益的启示。

**百姓旅游**

当人们满足了衣食住的需求之后，就会更追求行的需要。受当前经济大环境的影响，人们将会更倾向于在国内旅游，国内游将成为我国旅游市场战略的重点。当前国际油价下降，航空客源减少，航空公司运营困难，票价下降，也方便了游客航空旅行；从旅游水运方面来讲，受国际金融危机影响，三峡观光游船接受海外订单大幅减少，运力过剩，为吸引客源、渡过难关，各大游船公司降低票价已成定局；而由于国家相关部门联合整顿门票上涨的政策文件出台，景区门票上涨的趋势将得以放缓，因此百姓将能享受到更便宜的旅游。2008 年的“金融海啸”对于广大旅游爱好者而言，反而是一个比较好的机遇，因为大家将可以享受到便宜的飞机票和轮渡费用，并且门票也会比较便宜。如果你在 2009 年的某段时间不是很忙的话，不如抽点儿时间去领略一下祖国的大好河山。

我们可以看出本次政府 4 万亿元投资的主要方向是交通基础设施建设方面，而各省市的投资不是修铁路就是直接在城市中修马路，而这些设施的完善建成无疑会给旅游者带来极大的便利，从而使消费者能更充分地享受旅游给自身带来的乐趣。比如北京 2007 年、2008 年新落成的 5 号线、10 号线、奥运支线、机场支线并且在 2015 年前 7 条地铁线有望开通，这些对于旅游者而言都是好消息。上海、广州、武汉、重庆等地规划实施地铁、轻轨建设，为迎接第 11 届全运会，济南推行的快速公交，济南、南京等地推行了旅游专线，各省市旅游车辆限制的取消，所有这些无疑都提高了旅游交通的通畅性，百姓的旅游历程将因此而更富有乐趣、更精彩。

## 八、农业——经济重新启航的“破冰船”

### “新政”成为农业发展的“加速器”

2008 年 11 月 5 日，国务院常务会议提出实行积极的财政政策和适度宽松的货币政策，出台了十项有力的扩大国内需求、促进经济增长的措施。在这次宏观经济政策的重大调整中，改善民生被放在相当突出的位置。其中，加大农村沼气、饮水安全工程和农村公路建设力度、提高明年粮食最低收购价等举措，将会使农业受益更多，农业政策将会数量越来越多、力度越来越大、实施越来越具体到位，对农业的利好主要体现在：

一是农民会享受更多的补贴、贴息等支持，从而降低成本，增加收入。

二是农业企业贷款更加便利，农业生产与加工业务将保持稳定增长态势。

三是粮食和其他农产品出口会得到刺激。

四是刺激农村消费，通过农村消费的扩大，在增加工业品消费的同时，增加粮食、肉类及其他农产品的需求。

五是通过上下游产业的发展来积极影响农业。如化肥行业因降息而降低成本和化肥价格，由此会降低粮食和其他农产品的成本，提升农业的盈利水平；通过刺激房地产需求，会带动家具、板材等的消费，从而刺激林业和林板一体化行业的发展，等等。

**点评**

在国际金融危机肆虐和国内经济急剧下滑的大背景下，“保增长，促发展”成为中央经济工作的主题。加强和改善宏观调控，实施积极的财政政策和适度宽松的货币政策，要较大幅度地增加公共支出，保障重点领域和重点建设支出，支持地震灾区灾后重建，实行结构性减税，优化财政支出结构，继续加大对“三农”、就业、社会保障、教育、医疗、节能减排、自主创新、先进装备制造业、服务业、中小企业、重大改革等方面的支持力度。

中国经济的发展，不仅要看工业化水平，还要看“三农”问题解决得怎么样。有效增加农民收入、缩小城乡和地区之间的巨大差别是社会主义新农村建设的长期任务。中央政府第四季度1000亿元、未来两年内4万亿元投资的重要举措，不仅能遏制国内经济增长下滑的势头，还将长期利好于新农村建设。对于国家粮食食品安全的种植业、种子化肥等农资供应，与农田水利基础、交通设施建设相关的建材、水泥与促进农村消费的日常消费品、家用电器等也将带来长期的拉动作用。随着国家对“三农”问题的不断重视，对农业的投资不断加大，农村经济必将迎来一个快速发展的时期。

## 农民是“新政”的主要受惠者

农民增收是“三农”问题的核心，只有增加农民收入农业才有发展，农村才会稳定，扩大内需才能够有效实现，也才能够全面建设小康社会。

农民的收入来源可分为四部分：与务农相关的家庭经营性收入；与打工相关的工资性收入；与出租土地持有权相关的财产性收入；由补贴救济等组成的转移性收入。其中，家庭经营性收入和工资性收入为主要来源。

但面对当前的局面，2009年农民增收的难度较大。一方面，国内外经济需求下滑，主要农产品的价格承受压力较大。另一方面，农民外出打工等非农业收入下降，所以整体上对促进农民增收非常不利。

### 1. 家庭经营性收入是2009年农民增收的重点

2004年和2007年，在国家提出抓农民增收时，家庭经营性收入对增收的增长贡献是高于工资性收入的。针对国家十项刺激经济方案，近期国家又相继出台了关于家庭经营性收入增收的一系列政策措施：首先，继续提高2009年粮食最低收购价，小麦最低收购价格提高13%。其次，在2008年第四季度投放340亿元农村民生工程和农村基础建设投资后，需要大量劳动力，农民的第二产业有望增收。

**表3.11　农民人均收入构成**　　单位：元

| 年份 | 1990 | 1995 | 2000 | 2005 | 2006 | 2007 |
|---|---|---|---|---|---|---|
| 工资性收入 | 138.80 | 353.70 | 702.30 | 1174.53 | 1374.80 | 1596.22 |
| 家庭经营纯收入 | 518.55 | 1125.79 | 1427.27 | 1844.53 | 1930.96 | 2193.67 |
| 财产性收入 | — | 40.98 | 45.04 | 88.45 | 100.50 | 128.22 |
| 转移性收入 | 28.96 | 57.27 | 78.81 | 147.42 | 180.78 | 222.25 |

数据来源：中国统计年鉴2008

表 3.12　农村各项收入的贡献度

| 年份 | 1990 | 1995 | 2000 | 2005 | 2006 | 2007 |
|---|---|---|---|---|---|---|
| 工资性收入贡献度 | 0.20 | 0.22 | 0.31 | 0.36 | 0.38 | 0.39 |
| 家庭经营纯收入贡献度 | 0.76 | 0.71 | 0.63 | 0.57 | 0.54 | 0.53 |
| 财产性收入贡献度 | 0.00 | 0.03 | 0.02 | 0.03 | 0.03 | 0.03 |
| 转移性收入贡献度 | 0.04 | 0.04 | 0.03 | 0.05 | 0.05 | 0.05 |

数据来源：中国统计年鉴 2008

### 2. 转移性收入——农民增收的重要力量

为鼓励农民从事农业生产，2004 年以来，国家制定了各种补贴政策，并持续加大补贴力度，推动了这几年农民转移性收入的高速增长。未来几年，涵盖养老、医疗、失业的农村社会保障体系将逐步建立并完善，转移性收入会成为拉动农村居民总收入增长的重要力量。

在十项刺激经济措施中，中央和地方政府将利用积极财政政策的空间，增加对农业的投入，稳定和完善对粮食生产的各种扶持政策。调整财政支农的重点，增加对农民收入的直接支持和补贴，中央和地方政府将资金用于良种补贴和农机具购置补贴，继续保留最低收购价的政策。

新型农村社会养老保险制度实质就是国家和各级政府加大转移支付力度，在社会财富的二次分配中向农民倾斜。2008 年 10 月份以来，国家加快了全国性的新型农村社会养老保险制度试点工作。11 月份，国家出台政策，规定将稳定就业半年以上的失业农民工纳入失业统计，发放失业救济、提供就业服务，农民工也开始享有失业救济的公共福利。新型农村医疗合作制度、农民工医疗保险制度已经开始施行。

表 3.13　农村转移性收入　　单位：元

| 年份 | 1990 | 1995 | 2000 | 2005 | 2006 | 2007 |
|---|---|---|---|---|---|---|
| 转移性收入 | 28.96 | 57.27 | 78.81 | 147.42 | 180.78 | 222.25 |

数据来源：中国统计年鉴 2008

## 点评

我国 13 亿人口中有 8 亿多在农村，因此，农民生活水平能否提高，将直接关系到国家的长治久安。当前，农民增收的形势不容乐观，我国农村人多地少，农业收入缓慢，乡镇企业基础薄弱，农民的非农收入也难有较快提高。再加上农产品滞销、农资产品涨价等，进一步影响了农民收入的增长，同时也影响着大局稳定。因此，当今之计就是尽快促进农民增收，解决农民的各种困难，为新农村建设创造安定团结的良好局面。

近年来，中央在制度、政策和投入等方面采取了一系列重大举措。全面取消了农业税，建立了农业补贴制度，实行农产品最低收购价格，对农村义务教育实行"两免一补"，建立新型农村合作医疗、农村低保制度、养老制度等，这一系列举措为提高农民收入打下了基础。

中央 4 万亿计划明确提出了面向农村的投资细则，8 亿农民是中国现代化的重点所在，也是希望所在。这一庞大的市场足以让外人艳羡，足以让中国经济走出"冬天"。如何更好地开拓思路、采取更加灵活的方法，实现农民"学有所教、劳有所得、病有所医、老有所养、住有所居"，快步、稳步提高农民收入，进而解决"内虚"，提高所有国民收入，已成当务之急。这是扩大内需之根本，也是中国经济"拥抱"春天之希望所在。

## 农村消费

2008 年，全球市场遭受重创，国家将保持经济增长的重点放在了消费上，特别是农村市场消费上面。但是城镇化和低收入使得农村消费总量持续走低。农民收入水平低，消费能力不足，农村基础设施薄弱，消费条件不健全，农村社会保障滞后及农民消费观念落后，科学消费意识差等因素成为制约农村消费潜力释放的主要障碍。

根据统计，截至2007年年底，我国农村人口为城镇人口的1.23倍，而消费额为城镇的0.36倍，当我们说中国经济整体表现为消费不足时，和城镇居民相比，农民的消费水平更低。

**表3.14 城乡居民家庭人均收入及恩格尔系数**

| 年份 | 城镇家庭人均可支配收入 | | 农村家庭人均纯收入 | | 城镇家庭 | 农村家庭 |
|---|---|---|---|---|---|---|
| | 绝对数（元） | 指数（1978=100） | 绝对数（元） | 指数（1978=100） | 恩格尔系数（%） | 恩格尔系数（%） |
| 2000 | 6280.0 | 383.7 | 2253.4 | 483.4 | 39.4 | 49.1 |
| 2001 | 6859.6 | 416.3 | 2366.4 | 503.7 | 38.2 | 47.7 |
| 2002 | 7702.8 | 472.1 | 2475.6 | 527.9 | 37.7 | 46.2 |
| 2003 | 8472.2 | 514.6 | 2622.2 | 550.6 | 37.1 | 45.6 |
| 2004 | 9421.6 | 554.2 | 2936.4 | 588.0 | 37.7 | 47.2 |
| 2005 | 10493.0 | 607.4 | 3254.9 | 624.5 | 36.7 | 45.5 |
| 2006 | 11759.5 | 670.7 | 3587.0 | 670.7 | 35.8 | 43.0 |
| 2007 | 13785.8 | 752.3 | 4140.4 | 734.4 | 36.3 | 43.1 |

数据来源：中国农业年鉴2008

**表3.15 农村居民家庭人均消费支出构成** 单位:%

| 指标 \ 年份 | 1990 | 1995 | 2000 | 2005 | 2006 | 2007 |
|---|---|---|---|---|---|---|
| 食品 | 58.80 | 58.62 | 49.13 | 45.48 | 43.02 | 43.08 |
| 衣着 | 7.77 | 6.85 | 5.75 | 5.81 | 5.94 | 6.00 |
| 居住 | 17.34 | 13.91 | 15.47 | 14.49 | 16.58 | 17.80 |
| 家庭设备用品 | 5.29 | 5.23 | 4.52 | 4.36 | 4.47 | 4.63 |
| 交通通信 | 1.44 | 2.58 | 5.58 | 9.59 | 10.21 | 10.19 |

续表

| 年份<br>指标 | 1990 | 1995 | 2000 | 2005 | 2006 | 2007 |
|---|---|---|---|---|---|---|
| 文教娱乐用品 | 5. 37 | 7. 81 | 11. 18 | 11. 56 | 10. 79 | 9. 48 |
| 医疗保健 | 3. 25 | 3. 24 | 5. 24 | 6. 58 | 6. 77 | 6. 52 |
| 其他商品 | 0. 74 | 1. 76 | 3. 14 | 2. 13 | 2. 23 | 2. 30 |

数据来源：中国统计年鉴 2008

农村居民的消费主要是食品、居住和文教的消费，在服装、交通通信、家电和其他商品上花费的较少，具体情况如下：

衣着：10 年来，农村居民的衣着消费比重基本上没变，并且处于较低的水平。受收入限制，大多数农民对服装的要求还仅仅是功能上的。受生活条件局限，有 1/2 的农村家庭还没有从繁重的洗衣劳动中解放出来。换洗不便，自然也就不愿添置更多的衣服。

食品：从绝对额看，两者差距不大，但目前的农村市场已成为伪劣商品最大的集散地，随着消费能力的提高，农民会更加注重食品安全、讲究生活品质，食品消费结构和消费质量都有可以提升的空间。

电器：统计 2007 年城乡的电器拥有量，除了彩电普及率较高外，农村家庭的空调、冰箱、洗衣机、抽油烟机、照相机、计算机等电器都有较大缺口，农村家电拥有量不足，除了收入因素外，更重要的原因还是农村基础设施落后，用不上电、用不起电成为家电不能进入农村家庭的主要原因。

在这次 4 万亿元的刺激经济方案中，将有相当一部分资金用于农村电网改造和沼气改造项目，加强农村基础设施建设及提高农民收入，以解决农村市场疲软的状态，并进一步刺激 2009 年农村消费市场的开发，大量品质有保证、注重食品安全、符合健康生活要求的食品会逐步占领农村市场。价格适中、有品牌知名度、兼具时尚感和功能性、能满足休闲生活需要的中低档服装将广受欢迎。与日常生活密切相关，可以解放劳动力、提高生活质量的家电在农村家庭中的普及率会大幅提高。食品、衣着、家庭设备类商品的供应商和渠道商将成为最大受益者。

**点评**

扩大内需是我国经济发展的长期战略方针和基本立足点。然而，长期以来，消费不足，特别是农村消费不足一直是我国经济面临的突出问题。

随着我国“三农”问题的进一步开展，农民生活水平将逐步提高，农村巨大的消费潜力将无可估量。因此，积极开拓农村消费市场，将农民潜在的消费需求变为现实的有效需求，是扩大内需、促进经济增长的有效途径。近年来，中央在制度、政策和投入方面采取了一系列重大举措，全部取消了农业税，建立了农业补贴制度，对农村义务教育实行“两免一补”，建立新型农村合作医疗、农村低保制度、养老制度等，这一系列举措，为提高农民收入、扩大农村消费打下了良好基础。农业目前是最需要国家投入巨额资金的时候，只要将农民消费者的消费积极性刺激起来，那每个人一天消费一元钱，一天就是 8 个亿，这个数字将意味着什么？意味着内需的极度扩大。4 万亿元拿出 1/4 投入农业，农村市场将会爆发巨大的能量。在目前全球经济危机的阴影下和国内房地产、钢铁等其他行业萎靡不振时，农村消费市场的“一枝独秀”值得我们期待。

**农业**

1. 林业发展前景光明

据中国第五次森林资源清查统计，中国有林业用地 42. 42 亿亩、森林 26. 24 亿亩。同时，山区面积占国土面积的 69%，山区人口占全国人口的 56%。可以看出，中国林业规模巨大，中国林业的发展将会极大地推动中国经济的发展。

表 3.16　近年我国林业总产值　　单位：亿元

| 年份 | 2001 | 2002 | 2003 | 2004 | 2005 | 2006 | 2007 |
|---|---|---|---|---|---|---|---|
| 产值 | 939 | 1033 | 1240 | 1327 | 1426 | 1611 | 1862 |
| 指数① | 99.3 | 107.1 | 106.9 | 102.0 | 103.2 | 105.6 | 106.9 |

数据来源：中国统计年鉴 2008

表 3.17　我国主要林产品产量　　单位：吨

| 年 份 | 橡 胶 | 松 脂 | 生 漆 | 油桐籽 | 油茶籽 | 核 桃 |
|---|---|---|---|---|---|---|
| 2000 | 480248 | 551057 | 5279 | 453461 | 823224 | 309875 |
| 2001 | 477437 | 563689 | 4925 | 406716 | 824731 | 252347 |
| 2002 | 527413 | 563388 | 6360 | 389024 | 854624 | 340174 |
| 2003 | 565045 | 625757 | 8664 | 372645 | 779492 | 393529 |
| 2004 | 574739 | 673310 | 9641 | 381428 | 874861 | 436862 |
| 2005 | 513618 | 767134 | 14316 | 368688 | 875022 | 499074 |
| 2006 | 537983 | 908784 | 20762 | 382989 | 919947 | 475455 |
| 2007 | 588380 | 965618 | 12891 | 361285 | 939096 | 629986 |

数据来源：中国统计年鉴 2008

随着我国经济的持续高速发展，造纸、家具制造和装修等产业快速发展，对木材的需求十分旺盛，而我国森林资源相对贫乏，木材产量供不应求，供需矛盾十分突出。随着国家加强林业生态建设控制林木采伐指标，以及俄罗斯提高木材出口关税导致其对我国出口木材减少，木材价格长期将维持上涨趋势。2009 年在宏观经济下滑，房地产、造纸等对木材需求较大的行业面临着发展趋缓，在木材需求下降的情况下，木材价格有可能出现下降。但是，在国家加大基建投资，以及对木材和木板等刚性需求的支撑下，因下游需求减弱对木材价格造成的影响不会太大。

① 上年 =100。

2008年以来，林业改革力度不断加大，集体林权改革于7月启动，成效显著；国务院、财政部、发改委等把林业恢复重建当作扩大内需的四项措施之一，并配以提高出口退税、重点工程建设资金及时划拨到位等，将给林企政策和资金以多项支持，林企业绩提升值看好。

### 2. 种植收益稳增，补贴贡献较大

过去三年，主要种植业的单位净利润稳步增长，主要受益于国家的粮食扶持政策，2008年的“四补贴”的总水平高达1029亿元，较上年增加了1倍。

**表3.18　我国粮食平均收益趋势**　　单位：元/亩

| 年份 | 2002 | 2003 | 2004 | 2005 | 2006 | 2007 |
| --- | --- | --- | --- | --- | --- | --- |
| 净利润 | 6.36 | 42.76 | 196.25 | 126.82 | 155.36 | 185.18 |
| 补　贴 | — | — | 15.73 | 16.68 | 18.56 | 24.93 |

资料来源：中国农业年鉴2008

### 3. 种子需求加大

目前，我国现有耕地1.2亿公顷，播种面积[①]1.5亿公顷，农作物种子常年用量约125亿千克，目前商品种子量仅45亿千克，商品率为36%，而世界种子商品率平均水平约为70%。随着我国种子商品化程度的不断提高以及种子价格水平的提升，国内种子市场的巨大潜力将得以发挥。据估测，我国种子市场的总价值将达到800亿~1000亿元。

① 播种面积：指实际播种或移植农作物的面积，不论种植在耕地上还是种植在非耕地上，均包括在农作物播种面积中。

目前，随着棉花、糖料价格的持续下跌，农民种植棉花、甘蔗等经济作物的积极性不断下滑。同时在化肥、农药、农机等生产资料价格下降，在国家不断提高粮食最低收购价和提高农民四项补贴（种粮补贴、良种补贴、农机具补、农资补贴）的政策激励下，农民的种粮收益应该能够保障甚至有所增长。在这种情况下，农民的种粮积极性有所提高，从而使得其对种子，尤其是良种的需求加大。

**表 3.19　玉米种子行业供给需求情况**　　单位：亿公斤

| 年份 | 2003 | 2004 | 2005 | 2006 | 2007 | 2008 |
|---|---|---|---|---|---|---|
| 供给量 | 12.55 | 12.46 | 11.25 | 12.50 | 18.85 | 15.80 |
| 需求量 | 9.92 | 9.85 | 9.80 | 9.87 | 11.16 | 10.08 |

资料来源：中国农村经济统计年鉴 2008

**表 3.20　水稻种子行业供给需求情况**　　单位：亿公斤

| 年份 | 2003 | 2004 | 2005 | 2006 | 2007 | 2008 |
|---|---|---|---|---|---|---|
| 供给量 | 2.48 | 2.95 | 3.12 | 3.49 | 3.48 | 3.35 |
| 需求量 | 2.72 | 2.74 | 2.83 | 2.98 | 2.98 | 2.42 |

资料来源：中国农村经济统计年鉴 2008

4. 粮食

我国粮食供需缺口越来越大，21 世纪前 20 年随着我国人口增长、人民生活水平提高以及城市化进程的推进，决定了对粮食需求不断增长的趋势是不可逆转的，从中长期来看，“紧平衡”将是中国粮食供求的常态。在供需紧张的形势下，粮食价格长期上涨成为必然。

2008 年 10 月中央确定 2009 年提高大多数粮食品种最低收购价，

有利于稳定粮食生产市场，保证农业生产的积极性，避免同国际市场一样的大涨大跌，显示了我国确保粮食安全的决心和信心，产生了国内粮价不会低迷的预期。

另外，国家出台了从 2008 年 12 月 1 日起取消粮食出口关税、提高出口退税率等政策措施，鼓励粮食和其他农产品出口，在人民币贬值预期下，这些措施对粮食和农产品出口会有进一步的刺激或推动作用。

**表 3.21　我国粮食缺口呈逐年增大趋势**　　单位：万吨

| 年　份 | 2005 | 2010 | 2015 | 2020 |
|---|---|---|---|---|
| 粮食缺口 | 986 | 2156 | 3072 | 3582 |

资料来源：卢忠恕：《粮食安全》，浙江大学出版社 2007 年。

**点评**

农业在一个国家经济中处于基础的地位，而粮食对一个国家而言更是重中之重。俗话说得好，“手中有粮，心里不慌”。最近几年国家出台了一系列的重农政策，减免农业税的承诺和农机补贴政策直接刺激了农民的购机积极性，粮食价格的上涨更是增加了农民对未来种田收入的良好预期。“十五”期间，中央和各级地方政府加大了对粮食的直接补贴，尤其是对良种的补贴，良种推广补贴政策抓住了农业生产最关键的因子——良种，实施良种推广补贴政策，通过良种应用本身直接、有效地提高产量、改善品质。通过政策补贴，种子市场容量不断扩大，且价格一般仅相当于商品粮价格，这极大地调动了农民购买良种的积极性，市场容量成倍增加。

另外，对于林业方面，我国的森林总量比较充足，但人均占有森林资源水平很低，而且我国林业发展水平相对较低，森林合理利用率低，我国森林资源相对贫乏，木材产量供不应求，供需矛盾十分突出。林业产业一方面面对森林资源总量不足，原材料供应日渐紧张；另一方面大量的森林资源在被浪费，这实际上正是林业产业面对的矛盾冲突焦点。国务院4万亿元刺激经济方案中提出的加强支持林业生态恢复重建，提出安排中央财政专项资金用于支持灾区林业生态重建等措施，有利于改善林业发展模式，改善林业发展道路，增加林农收入，提高其种林积极性。同时也有利于提高林地资源的市场价值。

# 附 录

## 附录一：各省市计划投资方向

| 地 区 | 主要投资方向 |
| --- | --- |
| 四 川 | 应对汶川地震灾害和国际金融危机的双重挑战 |
| 云 南 | 中缅油气管道和石油炼化、新建云桂、丽香等铁路 |
| 广 东 | 珠三角轨道交通及武广客运专线 |
| 陕 西 | 西平铁路、咸阳机场二期扩建、西安地铁、引汉济渭 |
| 内蒙古 | 加快水利、民生和大型产业基地建设 |
| 辽 宁 | 在建重大基础设施项目、服务业和县域经济 |
| 重 庆 | 保障性住房、农村公路等城镇基础设施建设 |
| 河 南 | 能源、电力、交通 |
| 山 东 | 沿海铁路通道工程、蓝烟铁路电气化改造 |
| 山 西 | 铁路、公路建设和城乡电网改造提升 |
| 江 苏 | 京沪高速铁路、沪宁城际铁路、泰州大桥、连云港建设 |
| 河 北 | 农业基础设施、南水北调配套工程建设 |
| 上 海 | 轨道交通、跨区域主次干线、“世博”筹办工作 |
| 吉 林 | 哈大客运专线、长吉城际铁路、机场改扩建 |
| 安 徽 | 铁路、公路和桥梁建设项目 |
| 浙 江 | 沿海铁路建设、钱塘江中上游航运开发项目 |

续表

| 地 区 | 主要投资方向 |
| --- | --- |
| 福 建 | 浦南、泉三三明段高速公路、福清核电电气化改造 |
| 海 南 | 农业、新型工业、旅游地产、高新技术、基础设施 |
| 江 西 | 民生、基础设施建设、天然气管网 |
| 北 京 | 轨道交通、陕京三线等输气项目和南水北调配套工程 |
| 湖 南 | 36 条高速公路、湘江和环洞庭湖污染治理 |
| 新 疆 | 加速提升与外省、口岸通道运输能力和线路质量 |
| 广 西 | 铁路、高速公路、机场 |
| 黑龙江 | 地铁、哈大齐铁路客运专线、新增大马力拖拉机 1 万台 |
| 湖 北 | 重大基础设施建设 |
| 西 藏 | 主要用于加快城乡保障性安居工程建设 |
| 天 津 | 改善水环境、空气环境质量 |
| 宁 夏 | 到 2012 年年底计划所有建制村通油路，建设里程 8500 公里 |
| 贵 州 | 力争到 2011 年解决 27.4 万户城镇低收入家庭住房困难 |
| 甘 肃 | 用于国家电网系统中西部城农网建设与改造 |
| 青 海 | 向教育、就业再就业、社会保障等重点社会建设倾斜 |
| 总 计 | 投资方向集中于铁路、公路和大型工程建设 |

数据来源：新华社及各省市发改委网站，不包括后续追加投资。

## 附录二：2006 年、2007 年全国各省市财政收入、支出

单位：万元

| 地 区 | 2007 年财政收入 | 2007 年财政支出 | 2006 年财政收入 | 2006 年财政支出 |
| --- | --- | --- | --- | --- |
| 地方合计 | 235726181 | 383392909 | 183035800 | 304313277 |
| 北 京 | 14926380 | 16495023 | 11171514 | 12968389 |
| 天 津 | 5404390 | 6743262 | 4170479 | 5431219 |
| 河 北 | 7891198 | 15066482 | 6205340 | 11803590 |

续表

| 地　区 | 2007 年财政收入 | 2007 年财政支出 | 2006 年财政收入 | 2006 年财政支出 |
|---|---|---|---|---|
| 山　西 | 5978870 | 10499228 | 5833752 | 9155698 |
| 内蒙古 | 4923615 | 10823054 | 3433774 | 8121330 |
| 辽　宁 | 10826948 | 17642805 | 8176718 | 14227471 |
| 吉　林 | 3206892 | 8837597 | 2452045 | 7183588 |
| 黑龙江 | 4404689 | 11872711 | 3868440 | 9685255 |
| 上　海 | 20744792 | 21816780 | 15760742 | 17955660 |
| 江　苏 | 22377276 | 25537217 | 16566820 | 20132502 |
| 浙　江 | 16494981 | 18067928 | 12982044 | 14718593 |
| 安　徽 | 5436973 | 12438342 | 4280265 | 9402329 |
| 福　建 | 6994577 | 9106446 | 5411707 | 7286973 |
| 江　西 | 3898510 | 9050582 | 3055214 | 6964361 |
| 山　东 | 16753980 | 22618495 | 13562526 | 18334400 |
| 河　南 | 8620804 | 18706135 | 6791715 | 14400878 |
| 湖　北 | 5903552 | 12773257 | 4760823 | 10470041 |
| 湖　南 | 6065508 | 13570310 | 4779274 | 10645177 |
| 广　东 | 27858007 | 31595703 | 21794608 | 25533399 |
| 广　西 | 4188265 | 9859433 | 3425788 | 7295172 |
| 海　南 | 1082935 | 2451967 | 818139 | 1745366 |
| 重　庆 | 4427000 | 7683886 | 3177165 | 5942543 |
| 四　川 | 8508606 | 17591304 | 6075850 | 13473951 |
| 贵　州 | 2851375 | 7953990 | 2268157 | 6106411 |
| 云　南 | 4867146 | 11352175 | 3799702 | 8935821 |
| 西　藏 | 201412 | 2753682 | 145607 | 2001969 |
| 陕　西 | 4752398 | 10539665 | 3624805 | 8241805 |
| 甘　肃 | 1909107 | 6753372 | 1412152 | 5285946 |
| 青　海 | 567083 | 2821993 | 422437 | 2146628 |
| 宁　夏 | 800312 | 2418545 | 613570 | 1932089 |
| 新　疆 | 2858600 | 7951540 | 2194628 | 6784723 |

数据来源：中国统计年鉴 2008

# 附录三：全国各省市历年地区生产总值

单位：亿元

| 地区＼年份 | 2003 | 2004 | 2005 | 2006 | 2007 |
|---|---|---|---|---|---|
| 全　国 | 135174 | 159586. 70 | 184088. 60 | 213131. 7 | 251483. 2 |
| 北　京 | 5023. 77 | 6060. 28 | 6886. 31 | 7861. 04 | 9353. 32 |
| 天　津 | 2578. 03 | 3110. 97 | 3697. 62 | 4344. 27 | 5050. 40 |
| 河　北 | 6921. 29 | 8477. 63 | 10096. 11 | 11515. 76 | 13709. 50 |
| 山　西 | 2855. 23 | 3571. 37 | 4179. 52 | 4714. 99 | 5733. 35 |
| 内蒙古 | 2388. 38 | 3041. 07 | 3895. 55 | 4841. 82 | 6091. 12 |
| 辽　宁 | 6002. 54 | 6672 | 7860. 85 | 9214. 21 | 11023. 49 |
| 吉　林 | 2662. 08 | 3122. 01 | 3620. 27 | 4275. 12 | 5284. 69 |
| 黑龙江 | 4057. 40 | 4750. 60 | 5511. 50 | 6201. 45 | 7065 |
| 上　海 | 6694. 23 | 8072. 83 | 9164. 10 | 10366. 37 | 12188. 85 |
| 江　苏 | 12442. 87 | 15003. 60 | 18305. 66 | 21645. 08 | 25741. 15 |
| 浙　江 | 9705. 02 | 11648. 70 | 13437. 85 | 15742. 51 | 18780. 44 |
| 安　徽 | 3923. 10 | 4759. 32 | 5375. 12 | 6131. 10 | 7364. 18 |
| 福　建 | 4983. 67 | 5763. 35 | 6568. 93 | 7584. 36 | 9249. 13 |
| 江　西 | 2807. 41 | 3456. 70 | 4056. 76 | 4670. 53 | 5500. 25 |
| 山　东 | 12078. 15 | 15021. 84 | 18516. 87 | 22077. 36 | 25965. 91 |
| 河　南 | 6867. 70 | 8553. 79 | 10587. 42 | 12362. 79 | 15012. 46 |
| 湖　北 | 4757. 45 | 5633. 24 | 6520. 14 | 7581. 32 | 9230. 68 |
| 湖　南 | 4659. 99 | 5641. 94 | 6511. 34 | 7508. 87 | 9200 |
| 广　东 | 15844. 64 | 18864. 62 | 22366. 54 | 26159. 52 | 31084. 40 |
| 广　西 | 2821. 11 | 3433. 50 | 4075. 75 | 4828. 51 | 5955. 65 |
| 海　南 | 693. 20 | 798. 90 | 894. 57 | 1031. 85 | 1223. 28 |
| 重　庆 | 2272. 82 | 2692. 81 | 3066. 92 | 3452. 14 | 4122. 51 |
| 四　川 | 5333. 09 | 6379. 63 | 7385. 11 | 8637. 81 | 10505. 30 |

续表

| 地区 \ 年份 | 2003 | 2004 | 2005 | 2006 | 2007 |
|---|---|---|---|---|---|
| 贵　州 | 1426. 34 | 1677. 80 | 1979. 06 | 2270. 89 | 2741. 90 |
| 云　南 | 2556. 02 | 3081. 91 | 3472. 89 | 3981. 31 | 4741. 31 |
| 西　藏 | 189. 09 | 220. 34 | 250. 21 | 291. 01 | 342. 19 |
| 陕　西 | 2587. 72 | 3175. 58 | 3772. 69 | 4520. 07 | 5465. 79 |
| 甘　肃 | 1399. 83 | 1688. 49 | 1933. 98 | 2276. 70 | 2702. 40 |
| 青　海 | 390. 20 | 466. 10 | 543. 32 | 639. 50 | 783. 61 |
| 宁　夏 | 445. 36 | 537. 16 | 606. 26 | 710. 76 | 889. 20 |
| 新　疆 | 1886. 35 | 2209. 09 | 2604. 19 | 3045. 26 | 3523. 16 |

数据来源：中国统计年鉴 2008